JN070442

保育内容「人間関係」と指導法

考える　調べる　学び合う

編著　近喰晴子・小泉裕子

中央法規

はじめに

本書は保育内容「人間関係」のテキストとして作成したものです。保育者を目指す学生の皆さんが、保育の場をイメージできるよう工夫しました。乳幼児期は、人間関係の基礎を培う重要な時期であること、その後の人間関係のもち方に大きく影響を与えることなどから、押さえておかなければならない発達上の問題を取り上げました。また、子ども同士、子どもと保育者、子どもを取り巻く身近な人々とのかかわり、ICT の活用や人間関係に関する現代的な課題などについても取り上げています。

本書の特色として、第 1 点目は 15 回の授業に合わせて、全 15 章から構成されていることです。各章とも、予習（家庭での学び）からそれぞれの章における学びがスタートします。予習に取り組むことで、養成校での学びがより深められるようにしています。各章は基本的に 3 節（一部 4 節）から構成されています。第 1 節はそれぞれの章の基本的な学びとして示しています。次のステップでは、事例を中心に演習を通したグループ学習や授業後の復習課題へ取り組めるようしています。養成校での学びを整理することで、より確かな学びにつながることが期待できます。

学生の皆さんは、乳幼児期の発達や、子どもの遊び、生活する姿をイメージできるでしょうか。本書の第 2 点目の特色として、園生活のなかで起こるさまざまな人間関係について、主体的に学べるように多くの事例を取り入れています。一つひとつの事例を読み解きながら、子どもたちにとって活動や体験することの意味、保育者として多様な考え方、かかわり方があることに気づいてほしいと思います。演習課題を通し、乳幼児は「人との関係のなかで育つ」ことに気づき、「人間関係を支える保育者の役割」について考えることができます。

文部科学省は保育の場においても ICT の活用を積極的に進めています。人間関係と ICT 活用についてどのような取り組みが可能かについても言及しました。

子どもの経験を広げる ICT 活用に対する取り組みや学生の皆さんの学びを深めるために活用してください。

本書が、保育者を志す学生の皆さんにとって、人間関係を育てる保育者の役割や保育実践を積み重ねていくことの意義を考えるきっかけになれば幸いです。

最後に、テキスト出版にご尽力くださいました中央法規出版の皆様に深く感謝申し上げます。

2023 年 8 月

編著者を代表して　　近喰 晴子

目次

第1章 保育の基本

本章のねらい

皆さんは、どのような思いをもって保育者になりたいと考えましたか？　自分が通っていた幼稚園や保育所の先生が優しかったから、高校のときの職業体験からなど、理由はさまざまだと思います。保育の仕事は、子どもの命と人権を守り、生涯の人格形成の基礎をつくり上げる専門職です。本章では、「保育」とは何か、さらに、保育の概念や理念について保育の基本を学びます。

学習のポイント

- 学習を始めるにあたり、「保育」という言葉に込められた意味や概念について学びましょう。
- 「保育所保育指針」「幼稚園教育要領」に示されている「養護と教育の一体性」「幼児教育の基本」をもとに、保育の理念、基本的な考え方を学びましょう。
- 「育みたい資質・能力」「幼児期の終りまでに育ってほしい姿」をもとに、幼児教育とその後の学校教育のつながりについて学びましょう。

学習の準備

あなたは、幼稚園に通っていましたか？　保育所に通っていましたか？　あなたが通っていた保育施設での生活を思い出してみてください。
最も印象に残っている出来事は何でしょう。最も印象に残っている人は誰でしょう。また、最も好きだった場所、印象に残っている遊具や好きだった玩具などを思い出してみましょう。皆さん、それぞれの思い出を絵に描いて授業に臨みましょう。

第１節　保育とは何か

「保育」という言葉について、意味を調べてみると「乳幼児を保護して育てること」とあります[1)]。1876（明治９）年、日本で初めての官立の幼稚園、東京女子師範学校附属幼稚園が創設されました。「保育」という言葉は、幼稚園教育の始まりとともに、幼児教育施設での営みを表す言葉として使われるようになりました。

現在、学校教育法第22条には、「幼稚園は、義務教育及びその後の教育の基礎を培うものとして、幼児を保育し、幼児の健やかな成長のために適当な環境を与えて、その心身の発達を助長することを目的とする」とあります[2)]（下線は筆者が加筆)。また、児童福祉法第39条には、「保育所は、保育を必要とする乳児・幼児を日々保護者の下から通わせて保育を行うことを目的とする施設とする」とあります[3)]（下線は筆者が加筆)。幼稚園、保育所において行われる営みを、「保育」という言葉で表しているのです。

小学校、中学校以上での学校教育を表す言葉として、「教育」という言葉が広く用いられます。ではなぜ、幼児教育の場では「教育」という言葉を使わずに、あえて「保育」という言葉を使うのでしょうか。その理由は、乳幼児期の子どもには、小学生以降の児童・生徒とは異なる乳幼児期ならではの特性があるからです。生まれて間もない乳幼児は、大人の世話、保護なくして生きていくことはできません。子どもがお腹を空かせたとき、授乳をしたり、年齢にふさわしい食事の準備をしてあげることが必要です。おむつを取り替えたり、排泄の手伝いをすることも必要になります。また、汗や泥で汚れた衣服を取り替えたり、着替えるように促すことも大切です。子どもの、「一緒に遊んでほしい」「甘えたい」「抱っこしてほしい」という気持ちを受け止めることも重要です。このように、大人に受け止められ、守られて、初めて子どもは自ら成長・発達していく基盤がつくられるのです。

保育という言葉の「保」という字には、「たもつ・まもる・そだてる」という意味が込められています。幼児教育に「保育」という言葉をわざわざ用いたのは、幼児期の子どもの特性を十分に理解し、保育・教育の営みを行うことが大切だからです。「保育」という言葉には、「幼児を見守り、理解しつつ、その成長発達を助ける」という意味が込められています。

第2節 養護と教育

「保育所保育指針」の「第1章　総則」の「1　保育所保育に関する基本原則」には、以下のような記述があります4）。

> (1)　保育所の役割
> イ　保育所は、その目的を達成するために、保育に関する専門性を有する職員が、家庭との緊密な連携の下に、子どもの状況や発達過程を踏まえ、保育所における環境を通して、養護及び教育を一体的に行うことを特性としている。

保育には、①子どもの命を守り慈しみながら心と体の安定を図っていく養護的側面と、②生活や遊びを通して成長を促していく教育的側面があります。

1.「養護」の意味

保育における「養護」とは、子どもの生命を保持し、その情緒の安定を図るための保育者による細やかな援助やかかわりです。心身機能の未熟な乳幼児期の子どもが、健やかに、心豊かに育つためには、保育者が、一人ひとりの子どもを深く愛し、守り、心地よく穏やかな園生活をつくることが重要です。

保育を行ううえで、子どもの命と健康を守ることは大前提です。園生活において、安全で清潔な環境を整え、子どもが安心して健康的に過ごせるようにすることが大切です。

そして重要なことは、子どもたちの心の安定です。安定した気持ちで生活を送ることが、子どもたちの成長には必要不可欠です。保育者は、子どもの気持ちを受け止め、理解しようとすることが大切です。

いつもは友達と楽しく遊ぶことができるアイちゃんが、その日は、「ブランコ貸してあげない！」と言い、仲良しのコノミちゃんとトラブルが起きてしまいました。保育者は、アイちゃんがなぜ、ブランコを貸してあげないと言ったのか、ブランコに乗れなかったコノミちゃんはどのような気持ちでいるのか、子どもの気持ちに寄り添いながら、この二人に対するかかわり方を考えていきます。アイちゃんは、日曜日にお父さんと公園に行ってブランコに乗りました。その経験がとても楽しかったので、幼稚園のブランコにもずっと乗っていたかったのかもしれません。対してコノミちゃんは、仲良しのアイちゃんと順番でブランコに乗るのが楽しみで、幼稚園に来ていたのかもしれません。

保育者が、そのような一人ひとりの子どもの思いを丁寧に受け止めてあげることで、子どもは安心して園生活を送ることができるのです。それは、「安心して自分の思いを伝えていいのだ」という、人に対する信頼関係の構築にもつながります。子どもは、このような安定した情緒のもとで、自分の思いを伝えること、相手の思いに気づくこと、みんなと仲良く過ごすにはどうすればよいのかを考えることが少しずつできるようになっていくのです。保育における「養護」とは、子どもが健やかに、穏やかに、居心地よく過ごせるようにするための保育者の配慮なのです。

2. 幼児期の「教育」とは

保育における「教育」とは、子どもが、自分の存在を受け止めてもらえる保育者や友達との温かい関係のなかで、自ら人や物、自然とかかわり、興味や関心を広げられるように環境を整えることです。また、子どもの生活や遊びにおいて、心動かされる豊かな体験を重ねるようにすることです。さらに、子ども一人ひとりがもつ資質・能力が十分に育つように保育者が援助をすることです。

幼児期における保育内容は、５領域（健康・人間関係・環境・言葉・表現）の視点から総合的にとらえることができます。

例えば、子どもは、砂遊びを通して、からだを動かしたり、友達とかかわったり、砂の性質を体感したり、言葉を交わしたり、さまざまなイメージを表現したりします。「ねえ、ここに大きな山をつくろう」「かたーくして。トンネルを掘るから」など、子どもは友達とイメージを共有しながら、遊びを豊かに展開していきます。友達と一緒に遊びを共有する楽しさや、協力する大切さ、大きなものをつくり上げた達成感なども経験します。生活や遊びを通して、子どもは多くの体験をし、育つのです。

3. 養護と教育の一体性

「保育所保育指針解説」には、「養護と教育を一体的に展開する」ということについて、以下のように説明されています。

> 養護と教育を一体的に展開するということは、保育士等が子どもを一人の人間として尊重し、その命を守り、情緒の安定を図りつつ、乳幼児期にふさわしい経験が積み重ねられていくよう丁寧に援助することを指す。子どもが、自分の存在を受け止めてもらえる保育士等や友達との安定した関係の中で、自ら環境に関わり、興味や関心を広げ、様々な活動や遊びにおいて心を動かされる豊かな体験を重ねることを通して、資質・能力は育まれていく[5)]。

保育の営みは、「養護」と「教育」が一体的に展開するものです。例えば、乳児のおむつが汚れてしまったときに、保育者はただ黙々と無表情でおむつ替えをしません。保育者は、「おむつが汚れたね。きれいにして気持ちよくなろうね」と優しい笑顔と言葉かけを行いながらおむつ替えを行います。これは、乳児が衛生的に過ごせるようにするという目的と同時に、自分を大切に扱ってくれる人と愛情や信頼関係を育むこと、心地よい言葉に触れることなど、いくつもの意味が込められています。このように、一つひとつの保育内容は、「養護」的側面と「教育」的側面の両方を併せもつ、一体的な営みであることがわかります。

第３節 幼児教育として重視する事項

「幼稚園教育要領」の「第１章　総則」には、幼稚園教育の基本が、以下のように示されています[6)]。この総則のなかから、幼児教育として重視する事項について考えることができます。

1. 幼児教育の基本

第１章　総則

第１　幼稚園教育の基本

幼児期の教育は、生涯にわたる人格形成の基礎を培う重要なものであり、幼稚園教育は、学校教育法に規定する目的及び目標を達成するため、幼児期の特性を踏まえ、環境を通して行うものであることを基本とする。

このため教師は、幼児との信頼関係を十分に築き、幼児が身近な環境に主体的に関わり、環境との関わり方や意味に気付き、これらを取り込もうとして、試行錯誤したり、考えたりするようになる幼児期の教育における見方・考え方を生かし、幼児と共によりよい教育環境を創造するように努めるものとする。これらを踏まえ、次に示す事項を重視して教育を行わなければならない。

1　幼児は安定した情緒の下で自己を十分に発揮することにより発達に必要な体験を得ていくものであることを考慮して、幼児の主体的な活動を促し、幼児期にふさわしい生活が展開されるようにすること。

2　幼児の自発的活動としての遊びは、心身の調和のとれた発達の基礎を培う重要な学習であることを考慮して、遊びを通しての指導を中心として第２章に示すねらいが総合的に達成されるようにすること。

3　幼児の発達は、心身の諸側面が相互に関連し合い、多様な経過をたどって成し遂げられていくものであること、また、幼児の生活経験がそれぞれ異なることなどを考慮して、幼児一人一人の特性に応じ、発達の課題に即した指導を行うようにすること。

（下線は筆者が加筆）

2. 環境による教育

幼児期の教育は、幼児が身近な生活や遊びを通して、自分から興味をもって環境に主体的にかかわることから始まります。子どもは、好奇心をもって主体的に環境にかかわっていこうとします。子どもにとって環境とは、身近な自然や動植物、さまざまな人工物、保育者、友達、地域の人々とのかかわりなどです。

例えば、保育者は、前日に保育室に大きな段ボールを準備しておきました。登園後、段ボールを見つけた子どもは、興味津々です。段ボールを触ったり、覗いたり、動かしたり、入ってみたりします。段ボールは、子どもにとって、お家になったり、電車になったり、お風呂になったりします。段ボールの周りには次々と子どもたちが集まり、楽しい遊びが生まれてくることでしょう。
幼児教育には、生涯にわたる人格形成の基礎をつくる、重要な役割があります。そのために、幼児が興味関心をもって主体的にかかわっていくことができる、豊かな環境を準備することが大切です。

3. 幼児期にふさわしい生活

「幼児期にふさわしい生活」とはどのようなものか考えてみましょう。
「幼児期にふさわしい生活」とは、①教師との信頼関係に支えられた生活、②興味や関心に基づいた直接的な体験が得られる生活、③友達と十分にかかわって展開する生活、といえます[7)]。
一番目に、「教師との信頼関係に支えられた生活」についてです。子どもは、生まれて間もなく、養育者、家族のなかで育ちます。園生活のスタートは、家族から園生活へという人間関係の広がりを意味します。子どもは、自分自身を温かく受け止めてくれる保育者とのかかわりを重ねることで、「ここは、自分の居場所なんだ」と安心して園生活を過ごすことができます。そして、子どもは、保育者との信頼関係を基盤に、自信をもって主体的に園生活を送ることができるようになります。「いつも一緒にいてくれる」「困ったときは助けてくれる」「先生がいるから安心できる」、そのような保育者の存在が子どもの園生活には大切なのです。
二番目に、「興味や関心に基づいた直接的な体験が得られる生活」についてです。子どもは、好奇心をもって主体的に環境にかかわることで、五感を通してさまざまなことを経験し、驚いたり、発見したりして、多くのことを学びます。「ダンゴムシがくるっと丸まる。おもしろいな」「桜の花びらがひらひら舞ってきれいだな」など、子どもが生活のなかで心を動かす体験を積み重ねることが大切なのです。幼児期に必要な学びは、子どもの興味や欲求に基づいた直接的・具体的な体験を通して培われていくのです。
三番目に、「友達と十分にかかわって展開する生活」についてです。幼児期は、養育者、家族から友達へと関心が高まり、人間関係が広がっていく時期です。幼児教育において、仲間との豊かなかかわりを十分に経験できるようにすることが大切です。おもちゃのフライパンを持ってお料理をつくり、見立て遊びをしている子どもがいます。はじめは、それぞれの子どもは自分がお料理をしていることにしか関心が向かず、それぞれがひたすらフライパンをかき混ぜているだけかもしれません。しかし、保育室のままごとコーナーがその子どもにとって、共通の遊びの場所となり、お互いにお料理を見せ合ったり、比べたり、お皿に盛りつけたりするなかで、ごっこ遊びの楽しさを共有するようになります。お料理をする見立て遊びが、家族ごっこに展開したり、レストランごっこに発展したりするかもしれません。幼児教育では、遊びや生活を通して子どもが仲間と過ごす楽しさ、お互いのよさを認め合うことを経験できるのです。

4. 遊びを通しての総合的な指導

幼児の生活の中心は「遊び」です。１つの遊びのなかにはさまざまな要素が含まれています。幼児は遊びを通して自ら環境にはたらきかけることで、物の性質や物へのかかわり方を発見し、思考力をはたらかせ、想像力を膨らませます。夢中になって遊ぶことで、１つの物事をやり遂げる達成感、充実感、満足感を味わうことができます。また、遊びを通して、友達とのかかわりが深まります。自分の思いを相手に伝えたり、友達とアイデアを出し合ったりします。ときには、友達と意見が合わずにトラブルになったり、自分の思いどおりに進めることができず、葛藤したりすることがあるかもしれません。しかし、そのような気持ちに折り合いをつけ、乗り越えていくことで、子どもはさらに大きく成長することができます。

子どもの主体的な遊びは、幼児期の大切な学びです。遊びが子どもにもたらす経験は、さまざまな領域に関連する総合的なものです。このような意味で、幼児教育の基本は遊びによる総合的な指導といえます。

5. 一人ひとりの特性に応じた指導

子どもの発達は、おおまかには年齢や月齢で理解することができます。しかし、子どもの育ちは、一人ひとりの家庭環境や、生活経験によっても異なっています。

５歳児の男児サトシ君は静かな遊びを好み、園庭でサッカーをする男児のグループには入ろうとしませんでした。担任の保育者であった筆者は、サトシ君にも身体を思いきり動かす楽しさを経験してほしいと願い、園庭の遊びに誘うこともありました。しかし、サトシ君はニコニコしながらも筆者の誘いには応じず、スケッチブックを抱えて絵を描いていました。あるとき、サトシ君のスケッチブックを覗くと、そこには鉛筆で特急列車が繊細に描かれていました。周囲の友達も驚くほどの完成度でした。筆者も子どもたちも、サトシ君の特急列車を見て、「上手だね！」と声をあげました。この出来事から、筆者はとても大切なことを学びました。まず、サトシ君の好きなこと、得意なことを十分に認めてあげることが重要だったのです。そこから、サトシ君の育ちをどのように支えていけばよいかを考えていかなくてはいけないことを教えられました。

子どもの育ちは一人ひとり異なり、それぞれに特性があります。その特性を理解することで、その子どもに必要な保育者のかかわりが見えてくるのです。

第4節 育みたい資質・能力、幼児期の終わりまでに育ってほしい姿

2017（平成29）年、「幼稚園教育要領」「保育所保育指針」「幼保連携型認定こども園教育・保育要領」の３法令が改訂され、2018（平成30）年に施行されました。この３法令の改訂の大きな特色の１つとして、「育みたい資質・能力」「幼児期の終わりまでに育ってほしい姿」が明確に示されたことがあげられます。

「育みたい資質・能力」「幼児期の終わりまでに育ってほしい姿」は、３法令のなかに、すべて共通のものとして示されています。これらが、３つの法令に共通に記された理由には、どこの保育施設に通う子どもたちも、同じように質の高い幼児教育を受け、生涯の人格形成の基礎をしっかりと培うことができるようにするという目的があります。

また、「育みたい資質・能力」は、これからの時代を生きていくために身につけたい資質・能力を反映しています。つまり、幼児教育における「育みたい資質・能力」は、小学校、中学校、高等学校、その後の高等教育において身につけていくことが望まれる「資質・能力」につながっているのです。

1. 幼稚園教育において育みたい資質・能力

「幼稚園教育要領」には、「幼稚園教育において育みたい資質・能力」として、次の３つが示されています[8)]。

> (1) 豊かな体験を通じて、感じたり、気付いたり、分かったり、できるようになったりする「知識及び技能の基礎」

「知識及び技能の基礎」とは、園生活を通して幼児が「きれいだな」と感じたり、「不思議だな」と気づいたりすることです。また、遊びや生活のなかで「なるほど」とわかったり、できるようになったりすることです。

> (2) 気付いたことや、できるようになったことなどを使い、考えたり、試したり、工夫したり、表現したりする「思考力、判断力、表現力等の基礎」

「思考力、判断力、表現力等の基礎」とは、具体的には、気づいたことやできるようになったことなどを使い、「どうしたらもっとおもしろくなるかな」と考えたり、試したり、工夫したりすることです。また、心を動かされた経験を幼児なりに表現することです。

> (3) 心情、意欲、態度が育つ中で、よりよい生活を営もうとする「学びに向かう力、人間性等」

「学びに向かう力」とは、具体的には心情、意欲、態度が育つなかで、あきらめないで頑張ること、みんなで力を合わせて物事に取り組むこと、お互いのよさを認め合うことなどです。

2. 幼児期の終わりまでに育ってほしい姿

幼児教育・保育では、「資質・能力」は、保育活動の「ねらい」および「内容」に基づく活動全体を通して育まれていきます。このような保育活動を通して、5歳児後半に育まれる具体的な姿を10にまとめたものが「幼児期の終わりまでに育ってほしい姿」です[9)]。

「幼児期の終わりまでに育ってほしい姿」は、「ここまでできなければならない」という幼児教育の到達目標ではありません。一人ひとりの子どもの発達の特性に応じて、これらの姿は育ってくるのです。また、これらは3歳、4歳、5歳という幼児教育・保育の積み重ねによって育っていくものです。子どもの育ちのプロセスを大切にすることも忘れてはなりません。

> (1) 健康な心と体
> 　幼稚園生活の中で、充実感をもって自分のやりたいことに向かって心と体を十分に働かせ、見通しをもって行動し、自ら健康で安全な生活をつくり出すようになる。

(2) 自立心

身近な環境に主体的に関わり様々な活動を楽しむ中で、しなければならないことを自覚し、自分の力で行うために考えたり、工夫したりしながら、諦めずにやり遂げることで達成感を味わい、自信をもって行動するようになる。

(3) 協同性

友達と関わる中で、互いの思いや考えなどを共有し、共通の目的の実現に向けて、考えたり、工夫したり、協力したりし、充実感をもってやり遂げるようになる。

(4) 道徳性・規範意識の芽生え

友達と様々な体験を重ねる中で、してよいことや悪いことが分かり、自分の行動を振り返ったり、友達の気持ちに共感したりし、相手の立場に立って行動するようになる。また、きまりを守る必要性が分かり、自分の気持を調整し、友達と折り合いを付けながら、きまりをつくったり、守ったりするようになる。

(5) 社会生活との関わり

家族を大切にしようとする気持ちをもつとともに、地域の身近な人と触れ合う中で、人との様々な関わり方に気付き、相手の気持ちを考えて関わり、自分が役に立つ喜びを感じ、地域に親しみをもつようになる。また、幼稚園内外の様々な環境に関わる中で、遊びや生活に必要な情報を取り入れ、情報に基づき判断したり、情報を伝え合ったり、活用したりするなど、情報を役立てながら活動するようになるとともに、公共の施設を大切に利用するなどして、社会とのつながりなどを意識するようになる。

(6) 思考力の芽生え

身近な事象に積極的に関わる中で、物の性質や仕組みなどを感じ取ったり、気付いたりし、考えたり、予想したり、工夫したりするなど、多様な関わりを楽しむようになる。また、友達の様々な考えに触れる中で、自分と異なる考えがあることに気付き、自ら判断したり、考え直したりするなど、新しい考えを生み出す喜びを味わいながら、自分の考えをよりよいものにするようになる。

(7) 自然との関わり・生命尊重

自然に触れて感動する体験を通して、自然の変化などを感じ取り、好奇心や探求心をもって考え言葉などで表現しながら、身近な事象への関心が高まるとともに、自然への愛情や畏敬の念をもつようになる。また、身近な動植物に心を動かされる中で、生命の不思議さや尊さに気付き、身近な動植物への接し方を考え、命あるものとしていたわり、大切にする気持ちをもって関わるようになる。

(8) 数量や図形、標識や文字などへの関心・感覚

遊びや生活の中で、数量や図形、標識や文字などに親しむ体験を重ねたり、標識や文字の役割に気付いたりし、自らの必要感に基づきこれらを活用し、興味や関心、感覚をもつようになる。

(9) 言葉による伝え合い

先生や友達と心を通わせる中で、絵本や物語などに親しみながら、豊かな言葉や表現を身に付け、経験したことや考えたことなどを言葉で伝えたり、相手の話を注意して聞いたりし、言葉による伝え合いを楽しむようになる。

(10) 豊かな感性と表現

心を動かす出来事などに触れ感性を働かせる中で、様々な素材の特徴や表現の仕方などに気付き、感じたことや考えたことを自分で表現したり、友達同士で表現する過程を楽しんだりし、表現する喜びを味わい、意欲をもつようになる。

図1-1 幼児期の終わりまでに育ってほしい姿

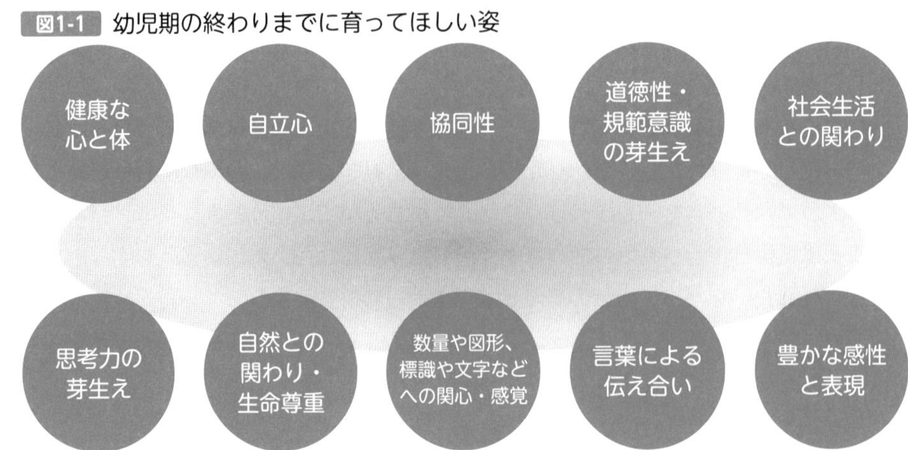

現在、義務教育開始前後の５歳児から小学校１、２年生の時期を「架け橋期[10)]」とし、幼児教育と小学校教育の接続が重要視されています。この「幼児期の終わりまでに育ってほしい姿」について理解を深めることは、幼児教育と小学校教育の円滑な接続を図るうえでも大切です。

【学習のまとめ】

- 幼児教育のなかの生活や遊びを通して、子どもはどのようなことが育っていくのでしょうか。「幼児期の終わりまでに育ってほしい姿」を手がかりに、グループで話し合ってみましょう。話し合ったことをノート（シート）にまとめてみましょう。

引用文献

1）山田忠雄他編『新明解 国語辞典 第８版』三省堂、2020、p.1423.
2）大豆生田啓友・三谷大紀編『最新保育小六法・資料集2023』ミネルヴァ書房、2023、p.191.
3）同上、p.98.
4）厚生労働省編『保育所保育指針解説 平成30年３月』フレーベル館、2018、p.362.
5）同上、p.15.
6）文部科学省『幼稚園教育要領解説 平成30年３月』フレーベル館、2018、p.288.
7）同上、pp.33-34.
8）同上、pp.288-289.
9）同上、pp.289-290.
10）文部科学省『幼保小架け橋プログラム』文部科学省WEBページ

参考文献

・浅見均編著『子どもの育ちを支える子どもと言葉 改訂新版』大学図書出版、2022、pp.38-39.
・二階堂邦子編「保育学のはじめの一歩――おさなごにまなぶ」横浜女子短期大学、2020.
・無藤隆編著『幼児期の終わりまでに育ってほしい10の姿』東洋館出版社、2018.
・文部科学省幼児教育の実践の質向上に関する検討会（第８回）「幼児教育の現状」2021.

第2章

領域「人間関係」

本章のねらい

本章ではまず、幼児期の教育と保育内容の構造についての考え方、5領域の関連性について学習し、次に領域「人間関係」の意義や基本的な考え方、ねらい等の内容を学習します。学習を通して、幼児期に人とのかかわりを育むために必要な保育者のかかわりや保育内容の方法とは具体的にはどのようなことであるか理解を深めていきましょう。

学習のポイント

- 幼児期の発達特性を踏まえた教育方法のあり方や保育の構造と5領域の関連性について学習しましょう。
- 領域「人間関係」が目指すものは何かについて学習しましょう。
- 領域「人間関係」のねらいと内容の関連性を理解し、そのうえで保育者に必要なかかわりや保育内容を理解しましょう。

学習の準備

本章では、人とのかかわりに関する領域「人間関係」の「ねらい」および「内容」「内容の取扱い」について学んでいきます。領域「人間関係」は、子どもの発達を「人とのかかわり」に関する側面からまとめ、示したものです。
それでは、これから学ぶ領域「人間関係」が指す「人とのかかわり」とは一体、誰と誰とのかかわりなのかを考えてみましょう。
また、現代社会における「人とのかかわり」が昔と比べてどのように変化したかについて、グループで話し合ってみましょう。

第1節 保育内容の構造

1. 幼児期の教育とは

幼児期の教育は幼児期の発達の特性にふさわしい方法で行う必要があります。その方法は環境を通した教育です。以前は、子どもは「未分化な存在」と考えられており、大人（養育者や保育者など）は子どもに教え授ける存在であり、子どもに何をどのように与えるかを考え、実践することが幼児期の教育でした。しかし、脳科学の研究等が進み、子どもは能動的な学び手、つまり、大人と同様に周囲の環境とかかわりながら、自分で考え、自分で判断し、自ら学び育つ存在としてとらえられるようになりました。「おもしろそう」「やってみたい」「試してみたい」と自ら興味・関心をもって周囲の環境に能動的にかかわり、遊びや生活を展開しながら発達に必要な経験を積み重ねて自ら成長していく、これが幼児期の発達の特性です。

2. 保育内容とは

子どもは興味・関心をもった環境に自らかかわり、「おもしろいな」「もっとこうしたいな」など頭と心を働かせながら、実体験を通して発達に必要な経験を積み重ねていきます。ここでいう環境とは、一緒に遊ぶ友達や先生などの人的環境、砂場の道具や三輪車・泥や水・草花などの物的環境、地域の行事・公共交通機関や公共施設などの社会的環境、そのほか、時間・空間・雰囲気など、子どもを取り巻くすべてを指します。保育者は、子どもがかかわりたくなるには、どのような環境を構成し、どのような援助やかかわりをしていくかを考えていきます。これが保育内容です。

保育内容は、全国どこの就学前教育施設（幼稚園・保育所・幼保連携型認定こども園）に通っても、同じ質の同じ内容の教育を受けられるよう、就学前の子どもが経験すべき内容を幼稚園教育要領、保育所保育指針、幼保連携型認定こども園教育・保育要領で示しています。その具体的内容を、5つの視点でまとめ、示しているのが「5領域」です。5領域は、子どもの発達を5つの側面からとらえたものです 図2-1。しかし、5領域はいわゆる小学校の教科学習とは異なるという点に注意しなければなりません。例えば、「今日は領域「人間関係」について保育を行います」「今日の保育は言葉です」というように、5つの内容はそれぞれが独立し、バラバラに教育されるものではなく、5領域は相互に関連し合いながら、総合的に指導されていきます。それでは、「相互に関連し合いながら」とは、どのようなことでしょう。次にみていきます。

図2-1 保育内容の5領域

3. 領域「人間関係」と他領域の関連

図2-2 は、保育現場の砂場での写真です。時期は5月で、4歳児の子どもが砂場遊びをしている場面です。この写真から、5領域（「健康」「人間関係」「環境」「言葉」「表現」）を感じる部分を考えてみましょう。

遊びを通した総合的な指導、そして、領域が個別に指導されるものではないこ

図2-2 領域「人間関係」と他領域の関連

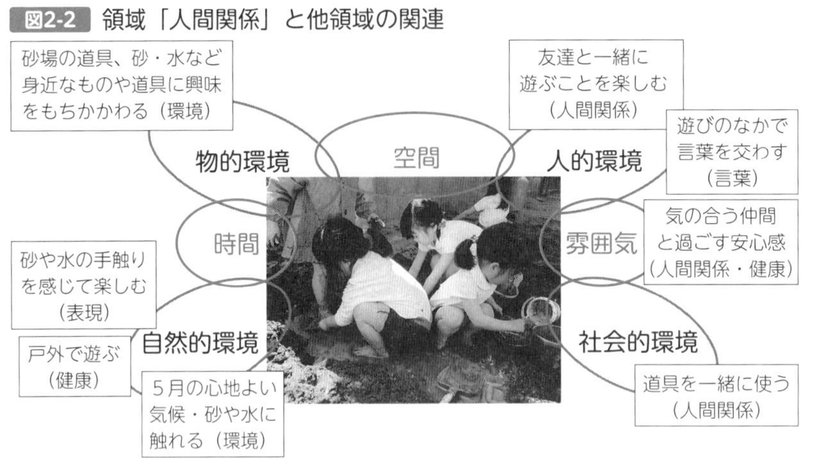

１つの遊びのなかでもすべてとかかわり合っています。

とが理解できましたか？

図2-2 の写真では、友達と一緒に遊ぶ楽しさや喜びを味わう、共同の遊具や用具を大切にし、皆で使うなどの姿を読み取ることができます。これらは領域「人間関係」にかかわる姿です。しかし、友達と触れ合い安心感をもって行動する姿は領域「健康」ですし、遊びのなかで友達に考えたことや感じたことを伝えるのは領域「言葉」です。このように心身のさまざまな側面の発達にとって必要な経験が、遊びや生活を通して相互に関連し合いながら積み重ねられていきます。したがって、就学前の教育は、小学校以上の教科のように領域を個別に取り出して指導するのではなく、遊びや生活を通した総合的な指導が行われるのです。

第２節 領域「人間関係」のねらいおよび内容

1. 領域「人間関係」とは

人は人とのかかわりなくしては、生きていくことはできません。しかし近年、少子化や核家族化の進行に伴う家族の縮小化、地域社会の結びつきの弱まりにより、人間関係が希薄化しています。また、ICT化の進行は子どもの直接的な経験や体験の不足を生み出し、対人コミュニケーションや仲間関係に少なからず影響をおよぼしています。

領域「人間関係」は、「他の人々と親しみ、支え合って生活するために、自立心を育て、人とかかわる力を養う」ことを目的として「ねらい」「内容」および「内容の取扱い」が示されています。

園生活を通して、他者と一緒に活動や生活することの楽しさや喜び、充実感を味わいながら他者への愛情や信頼関係を育み、ともに支え合って生きていく力を身につけることを目指しています。

2. 領域「人間関係」のねらいおよび内容

領域における「ねらい」について、幼稚園教育要領・保育所保育指針・幼保連携型認定こども園教育・保育要領では、以下のように示されています。

「幼稚園教育要領解説」の「第２章　ねらい及び内容」の「第１節　ねらい及び内容の考え方と領域の編成」には、以下のような記述があります。

> 幼稚園教育において育みたい資質・能力を幼児の生活する姿から捉えたものである。
>
> 幼稚園における生活の全体を通じ、幼児が様々な体験を積み重ねる中で相互に関連を持ちながら次第に達成に向かうものであること。

「保育所保育指針解説」の「第２章　保育内容」には、以下のような記述があります。

> 子どもが保育所において、安定した生活を送り、充実した活動ができるように、保育を通じて育みたい資質・能力を、子どもの生活する姿から捉えたものである。

「幼保連携型認定こども園教育・保育要領解説」の「第２章　ねらい及び内容並びに配慮事項」の「第１節　ねらい及び内容の考え方と視点や領域の編成」には、以下のような記述があります。

> 幼保連携型認定こども園の教育及び保育において育みたい資質・能力を園児の生活する姿から捉えたものである。
>
> 幼保連携型認定こども園における生活の全体を通じ、園児が様々な体験を積み重ねる中で、相互に関連をもちながら次第に達成に向かうものであること。

幼稚園教育要領・保育所保育指針・幼保連携型認定こども園教育・保育要領で共通していることは、園生活や保育を通して「育みたい資質・能力を、幼児（子ども・園児）の生活する姿から捉えたものである」という部分です。つまり、どの就学前教育・保育施設に通っても、園生活全体を通して、子どもが発達に必要な経験や体験を積み重ね、身につけてほしいことをまとめたものが「ねらい」です。

そして、「内容」は「ねらい」の方向に向かって子どもが育っていくために保育者が生活や状況に応じて指導・援助していく事柄を具体的に示したものです。

保育者は、「ねらい」に示された方向に子どもが育っていくよう、目の前の子どもの姿や生活の状況に沿って生活や遊び、活動を具体的に計画し保育を行っていきます。

❶ 乳児保育にかかわる「ねらい」および「内容」

1）社会的発達に関する視点の「ねらい」

2017（平成29）年の保育所保育指針の改定では、３歳未満児の保育は「乳児」「１歳以上３歳未満児」と分けて記載され、それぞれに「ねらい」および「内容」が記述されました。このうち乳児については、①身体的発達に関する視点「健やかに伸び伸びと育つ」、②社会的発達に関する視点「身近な人と気持ちが通じ合う」、③精神的発達に関する視点「身近なものと関わり感性が育つ」という３つの視点で「ねらい」が定められました。この３つの視点のうち領域「人間関係」と関連しているのは、<u>②社会的発達に関する視点「身近な人と気持ちが通じ合う」</u>です（下線は筆者による）。

> イ．社会的発達に関する視点「身近な人と気持ちが通じ合う」
> 受容的・応答的な関わりの下で、何かを伝えようとする意欲や身近な大人との信頼関係を育て、人と関わる力の基盤を培う。
> ㈠ ねらい
> ①　安心できる関係の下で、身近な人と共に過ごす喜びを感じる。
> ②　体の動きや表情、発声等により、保育士等（保育教諭等）[注1）]と気持ちを通わせようとする。
> ③　身近な人と親しみ、関わりを深め、愛情や信頼関係が芽生える。

乳児期の子どもは、体の動きや表情、泣きや喃語等で自分の欲求を表現します。特定の大人（養育者や保育者など）がこれらの表現を受け止め返すことで、

注１）（　）は「幼保連携型認定こども園教育・保育要領」の記述。これ以下すべて同様。

乳児は特定の大人に対して気持ちを通わせるようになり、情緒的な絆が芽生え、愛着関係が築かれます。特定の他者との愛着関係は、「何かあったら守ってくれる」「一緒にいると安心する」など人に対する信頼感を育みます。その信頼感こそが人とかかわりながら生きていくための基盤となっていきます（下線は筆者による）。

2）社会的発達に関する視点の「内容」

社会的発達に関する視点「身近な人と気持ちが通じ合う」の「内容」５つのうち、領域「人間関係」と関連するのは、以下の①・③・⑤です。

> ㈠　内容
> ①　子ども（園児）からの働きかけを踏まえた、応答的な触れ合いや言葉がけによって、欲求が満たされ、安定感をもって過ごす。
> ③　生活や遊びの中で、自分の身近な人の存在に気付き、親しみの気持ちを表す。
> ⑤　温かく、受容的な関わりを通じて、自分を肯定する気持ちが芽生える。

保育者の温かく応答的・受容的なかかわりにより、特定の大人への愛情や信頼感が芽生え、子どもは安心感をもって過ごすことができます。この愛情や信頼感を基盤に、徐々に周囲の大人、そしてほかの子どもに関心をもつようになり、また、保育者が子どもの思いを温かく受け止めるかかわりを積み重ねるなかで、子どものなかに自己肯定感が芽生えます。自分を肯定する気持ちは、人とかかわりながら生きていく力の基礎となっていきます。

❷ 1歳以上3歳未満児保育の領域「人間関係」の「ねらい」および「内容」

1） 1歳以上3歳未満児の領域「人間関係」の「ねらい」

1歳以上3歳未満児の保育の「ねらい」および「内容」は、3歳以上児の保育と同様に、5つの領域ごとに示されています。

以下は、1歳以上3歳未満児の領域「人間関係」の「ねらい」です。

> イ．人間関係
>
> 他の人々と親しみ、支え合って生活するために、自立心を育て、人と関わる力を養う。
>
> ㋐ ねらい
>
> ① 保育所（幼保連携型認定こども園）での生活を楽しみ、身近な人と関わる心地よさを感じる。
>
> ② 周囲の子ども等（園児等）への興味や関心が高まり、関わりをもとうとする。
>
> ③ 保育所（幼保連携型認定こども園）の生活の仕方に慣れ、きまりの大切さに気付く。

この時期の子どもは、保育者との信頼関係を基盤に少しずつ世界を広げ、楽しく充実した生活や遊びのなかで、周囲の大人やほかの子どもの存在に気づき、興味・関心をもつようになります。そして、興味のあるものを介して子ども同士のやりとりが生じ、ほかの子どもとのかかわりを楽しむ姿がみられるようになります。

一方、同じことをやりたい気持ちからほかの子どものおもちゃを取り、いざこざが起きることもあります。保育者が子どもの気持ちを温かく受け止めたり、相手の子どもに優しくかかわる等のモデルを示すことで、自分と相手の気持ちの違い、そしてルールやきまりの大切さに少しずつ気づいていきます。保育者への信頼感に支えられ、安定した園生活のなかで人とかかわることの楽しさやともに過ごす喜びを感じることで、人への興味やかかわりを深め、社会性の育ちや人とともに生きていくための力の基盤が培われていきます。

2）１歳以上３歳未満児の領域「人間関係」の「内容」

１歳以上３歳未満児の領域「人間関係」の「内容」は、以下の６つです。

① 保育士等（保育教諭等）や周囲の子ども等（園児等）との安定した関係の中で、共に過ごす心地よさを感じる。

子どもは、自分を温かく受け入れてくれる保育者との信頼関係に支えられ、初めて安心・安定した園生活を送り、他者とともに過ごす心地よさを感じることができるのです。そのため、保育者は一人ひとりの子どもをしっかり受け止め、その子が何を思い、何を考え、何を感じているのかなど、子どもの内面を理解しかかわっていくことが大切です。

② 保育士等（保育教諭等）の受容的・応答的な関わりの中で、欲求を適切に満たし、安定感をもって過ごす。

子どもは、知的な刺激や生理的欲求、人とのかかわりに対する欲求などさまざまな欲求をもち生活しています。保育者の受容的・応答的なかかわりにより欲求が満たされ、満足感や充実感を味わった子どもは、さまざまなことに自ら意欲的に取り組もうとする気持ちが芽生えます。

③ 身の回りに様々な人がいることに気付き、徐々に他の子ども（園児）と関わりをもって遊ぶ。

園生活では、同年齢や異年齢の子どもだけでなく、園で働く大人、地域の人、障害のある人、外国人などさまざまな人とかかわる機会があります。そのようなかかわりを通し、人は異なる個性や特性があることを実感として理解できるようにすることが大切です。

④ 保育士等（保育教諭等）の仲立ちにより、他の子ども（園児）との関わり方を少しずつ身につける。

語彙が増え、生活のなかで自分の思いや気持ちを片言の言葉で伝えようとするようになります。しかし、自分と他者の気持ちが異なることを理解するのはまだ難しいです。そのため、保育者はモデルを示したり、相手にも思いがあることに気づけるよう子どもの思いや気持ちをしっかり受け止め、お互いの気持ちを言葉にして伝えるなど「仲立ちをする」ことが重要です。

⑤ **保育所の生活の仕方に慣れ、きまりがあることや、その大切さに気付く。**

園にはさまざまなきまりがあることを知り、日々の園生活や遊びを通してきまりを守る大切さや必要性を理解していきます。保育者はきまりを守らせるのではなく、子ども自身がきまりの大切さや守る必要性に気づいていけるよう援助することが大切です。

⑥ **生活や遊びの中で、年長児や保育士等（保育教諭等）の真似をしたり、ごっこ遊びを楽しんだりする。**

幅広い年齢の子どもがかかわり合いながらともに生活するなかで、保育者や年長児の言動や行動を真似したり、それらを遊びや生活で再現したりするようになります。この時期の子どもは真似や遊びのなかで再現することを通して生活の仕方等に気づき、自分のなかに取り入れていくことがあります。

❸ ３歳以上児保育の領域「人間関係」の「ねらい」および「内容」

1）３歳以上児保育の領域「人間関係」の「ねらい」

３歳以上児保育の「ねらい」および「内容」は、幼稚園教育要領では「幼児」、保育所保育指針では「子ども」、幼保連携型認定こども園教育・保育要領では「園児」など、言葉や文言の違いはありますが共通した内容となっています。以下は、領域「人間関係」のねらいです。

他の人々と親しみ、支え合って生活するために、自立心を育て、人と関わる力を養う。

㈠ ねらい

① 幼稚園（保育所・幼保連携型認定こども園）生活を楽しみ、自分の力で行動することの充実感を味わう。

② 身近な人と親しみ、関わりを深め、工夫したり、協力したりして一緒に活動する楽しさを味わい、愛情や信頼感をもつ。

③ 社会生活における望ましい習慣や態度を身に付ける。

保育者や友達との遊びや生活を通して、ともに過ごす心地よさや楽しさを感じ、自己をのびのびと発揮するには、まず周囲の人々に温かく受け入れられ、見守られているという安心感・信頼感が必要です。そして、保育者との温かい信頼関係を基盤として、自分の力で行動することの充実感や満足感を味わえるようにすることが何より大切です。また、園生活は集団の場であるため、集団で生活をするために必要な「きまりやルール」があります。子どもたちはそれらを守ることで、人と楽しく、気持ちよく生活できることを体験を通して学び、身につけていくことが大切です。それが人とかかわる力を育むことになるのです。

2）３歳以上児保育の領域「人間関係」の「内容」

３歳以上児保育の領域「人間関係」の「内容」は、以下の13項目です。

① 先生や友達と共に過ごすことの喜びを味わう。

集団生活の場である園生活を過ごす子どもは、それまで過ごしてきた家庭生活との大きな違いに戸惑い、不安な気持ちになります。保育者は一人ひとりの気持ちを受け止め、心に寄り添いながら信頼関係を築くことが大切です。子どもは自分を受け入れてくれる保育者がいることで安心して園生活を送り、やりたいことに取り組みます。遊びや生活のなかで保育者や友達とかかわり「友達や先生と一緒って楽しいな」等、ともに過ごす喜びを実感します。保育者は子どもが保育者や友達とともに過ごす楽しさや喜びを味わいながら、人とかかわり生活しようとする意欲を育てることが大切です。

② 自分で考え、自分で行動する。

園生活に慣れて安心感をもって過ごせるようになると、子どもは行動範囲が広がり、さまざまな場面で自分なりに考え行動する姿がみられるようになります。しかし、保育者がやるべきことを与えたり、指示したりするのみだと、子どもが自分で考える機会がなくなってしまいます。

保育者は子どもが興味・関心をもち遊びや活動のなかで自分なりに考え、行動できるようになっていくために、子どもが試行錯誤をしながら思いを巡らせている時間を十分に認めることが大切です。

③　自分でできることは自分でする。

子どもが自分自身の力でやろうとする意欲を育てることは自立の第一歩であり、大切です。保育者は、子どもが「自分でやりたい」という意欲をもったり、「自分でできた！」という充実感や満足感を味わうことができるよう援助し、子どもの発達に沿ったかかわりや励ましなどを適切に行っていくことが重要です。

④　いろいろな遊びを楽しみながら物事をやり遂げようとする気持ちをもつ。

子どもは、園生活のなかでさまざまな環境に触れながら興味・関心をもち、自分のやりたい遊びを心ゆくまで楽しんだり、遊び込んだりすることで遊びが発展していきます。そのなかで子どもは充実感や楽しさを味わい、何かをやり遂げたという達成感や満足感が、次の活動での「やり遂げよう」とする気持ちにつながります。しかし、遊びを進めるなかで、ときには思うようにならなかったり、うまくいかなくなったりして、途中で気持ちが続かなくなり止めることもあります。このようなとき、保育者が支え、温かく見守ることにより、あきらめずにやり遂げようとする粘り強さや自分で何とかしようとする気持ちが生まれます。保育者は、子どもがやり遂げたことの達成感や満足感をともに喜び共感することが大切です。

⑤　友達と積極的に関わりながら喜びや悲しみを共感し合う。

園生活に慣れてくると、友達に興味をもちかかわりが生まれ、次第に友達と過ごす楽しさや喜びを感じるようになっていきます。一方、友達と思いや考えが合わなくなりぶつかり合う等、怒りや悔しさ、悲しさを味わうこともあります。このように、生活や遊びのなかで友達と一緒にさまざまな感情体験を重ねることで、相手にも感情があることや相手と自分の思いは異なること等、相手の感情にも気づくことができるようになります。

人とかかわる力を育むためには、友達とともに過ごす楽しさや喜びを味わい、自分の存在を感じながらさまざまな感情の交流ができるよう援助していくことが大切です。

⑥　自分の思ったことを相手に伝え、相手の思っていることに気付く。

はじめは、一方的に自分の思いを伝えたり、思っていることを言葉でうまく表現できないこともあります。保育者は子どもの気持ちを理解し、仲介役となり、その思いを言葉で伝えていくことが大切です。そして少しずつ、相手がわかるように伝えられるようになると、伝わることで親しみや喜びが増し、次第に相手の思っていることに気づくようになります。このような過程のなかで、子ども同士のかかわりが深まっていきます。

⑦　**友達のよさに気付き、一緒に活動する楽しさを味わう。**

自分と異なる個性をもった友達と生活や遊びをともにするなかで、感じ方や考え方の特性に気づきます。すると、相手の特性に応じてかかわるようになり、相手のよさを認め合うようになります。保育者は子ども一人ひとりのよさを見出し、さまざまな出来事をともに経験し、互いの感じ方や考え方、行動の仕方に関心を寄せ、それぞれの違いや多様性に気づいていくことが大切です。

⑧　**友達と楽しく活動する中で、共通の目的を見いだし、工夫したり、協力したりなどする。**[注2)]

園生活で友達と一緒に遊んだり活動したりしながら仲が深まり、人とつながる喜びを体験するようになります。そして、友達のよさや特性に気づき、気の合う仲間と思いや考えを伝えながら遊びを進め、次第に共通の目的に向かって工夫したり、協力したりするようになっていきます。

保育者は、一人ひとりの子どもが自己を発揮し、友達との多様なかかわりのなかで友達のよさに気づき、工夫したり、協力したりする楽しさや充実感を味わえるようにすることが大切です。

⑨　**よいことや悪いことがあることに気付き、考えながら行動する。**[注3)]

子どもは自分の行動や友達の行動に対する周囲の人々の反応を見て、よい行動や悪い行動があることに気がつき、自分なりの善悪の判断基準をつくっていきます。したがって保育者は、園生活のなかで、人としてやってはいけない行為は「悪い行為である」ことを示し、一人ひとりの子どもに応じ、繰り返しはたらきかけていく必要があります。

しかし、ただ善悪を教え込むのではなく、なぜやってはいけないのか、なぜルールを守る必要があるのかを自分なりに考え、行動できるように援助することが重要です。

注2）一緒に遊びに取り組んだ経験は友達と協力し合う喜びにつながり、やがて仲のよい友達だけではなくクラス全体で協同して遊ぶことができるようになる。しかし、その過程では、意見や考え方の違いから、ぶつかり合うこともあり、子どもはそのなかで自分の気持ちに折り合いをつけることを繰り返しながら、工夫したり協力したりする楽しさや充実感、集団での遊びの醍醐味を味わうことができる。

注3）特に信頼する保育者や保護者などの反応によって自分の行動を確認しようとする。

⑩　友達との関わりを深め、思いやりをもつ。[注4)]

幼い頃は自分と他者の気持ちの区別ができません。しかし、友達とさまざまなやりとりをするなかで、徐々に自分と他者との気持ちは異なることがわかるようになっていきます。そして、友達とのかかわりのなかで互いの感情や意見のぶつかり合いなどの葛藤経験を通して、相手への理解や相手の立場になり考えられるようになっていきます。

保育者は子どもが友達とのかかわりを深めて、他者の気持ちに気づけるような援助をするとともに、子ども一人ひとりを大切にし、思いやりのある行動をするモデルとなることが大切です。

⑪　友達と楽しく生活する中できまりの大切さに気付き、守ろうとする。

子どもは園生活や遊びのなかで、きまりを守らなかったことで問題が生じると、園にはさまざまなきまりがあることに気づきます。そのとき、保育者は、子どもがきまりの必要性を自分なりに理解し、自分で守ることができるよう、「友達と楽しく遊ぶにはどうしたらよいか」「遊びや生活をより楽しくするためにはどうしたらよいか」を、その時々で一緒に考え援助していくことが必要です。そのようななかで、きまりに従い自分を抑制する力が身についていきます。

⑫　共同の遊具や用具を大切にし、皆で使う。

皆で使うままごとやドレス、絵本などさまざまな遊具や用具を大切にする気持ちは、それらの遊具や用具を使って遊び、楽しかったという経験を通して物への愛着が育つことにより生まれていきます。

また、自分も使いたいがほかの友達も使いたいことで起こるいざこざや葛藤を体験することで、「自分の物」と「みんなの物」があることに気づきます。その際、保育者が一方的に順番を決めたり、機械的にじゃんけんなどで決めたりするようなやり方だけではなく、子どもの思いや気持ちを尊重し、その状況に応じた援助を行いながら譲り合って使う必要性を伝えていくことが大切です。

⑬　高齢者をはじめ地域の人々などの自分の生活に関係の深いいろいろな人に親しみをもつ。

園で、地域の人々と触れ合う体験や地域行事への参加、高齢者との交流など、さまざまな人々とかかわる機会を積極的に取り入れることは人とかかわる力を育んでいくために大切なことです。また、保育者はこのような体験を通し

注4）他者の気持ちを理解したうえで共感や思いやりのある行動ができるようになっていく。

て子どもが地域社会にはさまざまな人がいて、周囲の人とかかわり合い、支え合って生きていることを実感できるよう援助していくことが重要です。

第3節 領域「人間関係」の内容の取扱い

1. 内容の取扱いとは

「内容の取扱い」とは「幼児（園児）の発達を踏まえた指導を行うに当たって留意すべき事項である」（幼稚園教育要領解説第２章第１節／幼保連携型認定こども園教育・保育要領解説第２章第１節）。すなわち、各領域の「ねらい」を達成するために、示された「内容」の事項を、保育者がどのようなことに気をつけて教育・保育をしていかなければならないかを具体的に示したものです。

「内容」の実践方法は、各園の保育理念や保育方針に基づきさまざまであり、多様な保育方法や内容があります。しかし、大事なことは「子どもの発達に即した幼児期にふさわしい方法で教育・保育」を行うことであり、そのために「内容の取扱い」を踏まえて保育を展開していくことが重要です。

【学習のまとめ】

- 乳児期（０～１歳半、２歳）は、人への基本的信頼感を獲得し、生きていくための基盤を培う最も大切な時期です。そのため、子どもと愛着関係を築くことは保育者にとって重要な役割です。では、子どもと愛着関係を築くために大切なことは何でしょう？　また、あなたならどのようにかかわり、関係性を構築していきますか？　保育者が行うべき内容を考え、グループで話し合ってみましょう。
- 子どもが幼稚園・保育所・こども園で友達と一緒に遊んだり、生活をしたりするなかで人とかかわる力を育んでいくためには、どのような保育を行っていけばよいでしょう？
  領域「人間関係」のねらいと内容を踏まえ、各年齢に応じた保育内容と保育者のかかわりを具体的に考えてみましょう。
- 地域で子どもたちが出かけているような場所や施設は思い浮かびますか？　また、行ったことがありますか？　そのなかの１か所に出かけ、子どもたちがどのように過ごし、どのような体験をしているかレポートにまとめましょう。

参考文献

・岩立京子・西坂小百合編著『保育内容人間関係』光生館、2018
・榎沢良彦・入江礼子編著『保育内容人間関係 第３版』建帛社、2017
・厚生労働省編『保育所保育指針解説 平成30年３月』フレーベル館、2018
・汐見稔幸監『保育所保育指針ハンドブック――イラストたっぷりやさしく読み解く』学研教育みらい、2017
・塚本美智子編著『対話的・深い学びの保育内容人間関係』萌文書林、2018
・内閣府・文部科学省・厚生労働省『幼保連携型認定こども園教育・保育要領解説』フレーベル館、2018
・無藤隆・古賀松香編著『社会情動的スキルを育む「保育内容人間関係」』北大路書房、2016
・無藤隆監『幼稚園教育要領ハンドブック――イラストたっぷりやさしく読み解く』学研教育みらい、2017
・無藤隆監、岩立京子編集代表『新訂 事例で学ぶ保育内容――〈領域〉人間関係』萌文書林、2017
・文部科学省『幼稚園教育要領解説 平成30年３月』フレーベル館、2018

第3章

0歳以上3歳未満児の子どもの人間関係の発達

本章のねらい

本章では、0歳以上3歳未満児の「人間関係」について触れています。乳幼児の人間関係の発達の理解には、心身機能の発育や発達の知識が欠かせません。また、0・1・2歳児は、「身近な大人」を相手に人との関係性が育まれます。生涯にわたる「人間関係」の基盤をつくっている時期といっても過言ではありません。保育者も子どもにかかわる身近な大人の一人であることを意識して学習しましょう。

学習のポイント

- 乳児（0歳児）は身体機能の発育が著しく進みます。身近な人とのやりとりを覚えながら、見慣れないものには「人見知り」や「分離不安」を抱くようになるなかで、身近な人との関係性が濃くなることを学びましょう。
- 1歳以上3歳未満の子ども（1・2歳児）は、言葉も徐々に覚えて自分で考えて遊ぶようになり、基本的生活習慣も身につけていきます。身近な大人との安定した関係性のなかで、「愛着」を形成し、「基本的信頼」を抱くことを理解しましょう。
- 特に2歳頃は、「自我」が芽生え、自分の考えや感情を強く主張するようになります。自他の区別がつくようになる一方で、他者の考えにまでは、まだ理解が及ばないのです。「第一次反抗期」について理解しましょう。

学習の準備

エインズワース（Ainsworth, M. D.）は、１歳児（12〜18か月児）を対象に、母親との分離（場面④⑥）と再会（場面⑤⑧）を設定した実験（ストレンジ・シチュエーション法）で、日頃の親子の愛着の質を示しています 図3-1 [1)]。

実験の結果、子どもの反応は、A（回避）型・B（安定）型・C（アンビバレント）型に分類され、母親の日頃のかかわりを、A型「拒否的・統制的かかわり」B型「調和的で応答性の高いかかわり」C型「一貫性がなく応答性の低いかかわり」と結論づけています 表3-1上 [2)]。

その後、A・B・C型のどれにも当てはまらないD（無秩序・無方向）型とされる新しいタイプも報告されていて、感情障害や虐待された経験をもつ母親とその子どもの反応も示されています 表3-1中 [3)]。

さらに近年は、実験後の子どもの様子を示す研究もあり、A型は仲間に対して拒否的で攻撃的なため孤立しがちな傾向、C型はときに気を引き、ときに衝動的でときに従属的なため、対人関係でフラストレーションをためやすく、無視や攻撃をされやすい傾向が指摘されています 表3-1下 [4)]。

課題　以下の視点であなたの考えをまとめてみましょう。

1. 日頃の大人のかかわりは、子どもにどのような影響を与えるでしょうか。
2. 応答的かかわりの意義について考えてみましょう。
3. 近年の社会的変化により、低年齢保育が進んでいます。保育者と園児のかかわりについても考えてみましょう。

図3-1　ストレンジ・シチュエーション法（Ainsworth, 1978）

表3-1 ストレンジ・シチュエーション法による愛着のタイプ

Aタイプ：回避型 **分離を不安がらず、再会にも無関心（26%）**
子ども：親との分離を悲しんだり抵抗したりせず、泣かない。 戻ってきても喜んで迎えず、遊び続ける。 母親：拒否的で統制的　身体接触や情緒的交流が少ない。
Bタイプ：安定型 **分離を不安がり、再会を喜ぶ（57%）**
子ども：分離を悲しみ、親がいない間はぐずるが、慰めを受け入れる。親が戻ってくると喜び、身体接触を求める。しばらくして落ち着くと遊び始める。 母親：子どもの欲求や変化に敏感で応答性が高い。調和的。
Cタイプ：アンビバレント型（葛藤型） **分離時に強い混乱を示し、再会時に激しく怒る（17%）**
子ども：分離に激しく抵抗し、慰めを受け入れられない。 戻ってくると身体接触を求めつつ怒る。両価的。 母親：欲求や変化に対する敏感性が低い。母親の気分や都合でかかわる。一貫性がなく応答のタイミングがずれる。

Dタイプ：無秩序・無方向型 **A・B・Cのどれにも当てはまらない子どもの行動**
子ども：分離も再会も不安なのか悲しいのか無関心なのか見分けがつかない。 （顔を背けながら母親に近づく。壁に擦り寄る等） 母親：抑うつ的・虐待を受けた経験がある親 子どもがおびえるような行動（突然表情や声の調子が変わる。パニックになる。虐待的なものも含む）

実験後の就学前期から児童期の子どもの傾向

Aタイプ：回避型
仲間に対して否定的な感情をもって攻撃的にふるまうことが多いため、仲間から拒否され孤立する傾向が強い
Bタイプ：安定型
仲間に対して積極的で肯定的な感情をもってはたらきかけ、共感的行動を多く示すため、仲間からの人気がより高くなる傾向
Cタイプ：アンビバレント型（葛藤型）
他児の注意を過度に引こうとし、衝動的でフラストレーションに陥りやすい。一方で、ときに従属的な態度をとることも多く、仲間から無視されたり攻撃されたりする傾向が強い

第１節　乳児期の子どもの人間関係の発達

児童福祉法や母子保健法で、乳児とは「(満) １歳に満たない者」をいいます。また、母子保健法では「生後28日を経過していない者」を新生児としています。

乳児は、生後１年で、身長は1.5倍、体重は３倍に増加し、著しい発育の時期を迎えます。

さらに、乳児期の発達については、視覚、聴覚などの感覚や、座る、はう、歩くなどの運動機能が著しく発達し、特定の大人との応答的なかかわりを通じて、情緒的な絆が形成されるといった特徴があります。これらの発達を踏まえ、乳児保育は、愛情豊かに、応答的に行われることが特に重要です[5),6)]。

1. 運動の発達

❶ 原始反射

原始反射は、不随意（自らの意思ではコントロールできないもの）で、生まれたときには備わっていて、生後しばらくすると消失します。赤ちゃんの手のひらに触れると握り返されるという経験をしたことはないでしょうか。これは把握反射といわれ、新生児は手のひらに触れるものを無意識に握ります。原始反射は他にも哺乳反射やモロー反射（驚いたときに抱きつく）などがあります 表3-2。

表3-2 原始反射の一例

把握反射		手のひらに触れたものをつかもうと握る（足底にもある）
哺乳反射	口唇探索反射	口の周りに刺激を受けると（例：頬に指先を当てる）首をまわしてそちらを向き口を開ける
	捕捉反射	唇に何か触れると口にくわえようと唇と舌で捕らえる
	吸啜反射	口に入ったものを強く吸う
	嚥下反射	口に入ったものを飲み込む
モロー反射		驚いたときなど手を広げて抱きつくように胸で捕らえようとする
歩行反射		脇を支えて床に足をつけようとすると足を交互に曲げたり伸ばしたりする
バビンスキー反射		足の裏をなでると指が扇状に広がる

❷ 粗大運動と微細運動

全身の動きを粗大運動、指先の動きを微細運動といいます。粗大運動は、3、4か月で首がすわり、6か月頃寝返りをし、8か月頃にハイハイをするようになり、1歳前後でつたい歩きを始めます。また、微細運動は、把握反射が消失する3、4か月頃におもちゃを握り（数秒）、6か月頃に手を伸ばしてものをつかみ、1歳前後で、指先でつまむことが可能になります。

乳児の身近な人との関係は、月齢によって、抱きついたり、つかんだり、後追いしたりと表現の形が変化します。

2. 言葉の発達

❶ クーイング・ガーグリング

新生児は、自らの欲求を、叫喚（きょうかん）（大声をあげて泣く）という形で、外界に伝えます。2か月頃になると、機嫌がよいときに、クーイング（cooing「coo」鳥の鳴き声の意）（例：「アッアッ」「クー」）といわれる声が聞かれるようになります。また、喉をゴロゴロと鳴らすガーグリング（gargling「gargle」うがいの意）も聞かれます。これらは喉を動かしながら自ら音を出して楽しんでいます。

❷ 喃語（バブリング）

4か月頃に言語獲得の前段階である喃語（なんご）（babbling）がみられ、舌を動かして発声するようになります。はじめは母音のみの過渡的喃語（例：「アー」「ウー」）に始まり、5か月頃は舌や唇の機能発達に伴って、子音もみられる規準喃語（例：「ブー」「ダー」：一度口を閉じないと出ない音）を発するようになります。また、6か月頃に反復喃語（例：「バババ」「マンマンマン」）がみられ、自分の声を繰り返し耳で聞き、周囲が反応してくれるのを楽しむようになります。

❸ 有意味語・初語

1歳頃には、ついに初語（初めて出る言葉）や有意味語（意味のある言葉）（例：「マンマ」「ママ」「パパ」）など、人とのやりとりで覚えた言葉を発するようになり、発語の時期を迎えます。

言葉の発達には個人差がありますが、子どもが言葉を話す前から声や言葉をかけ続けることが重要になります。なぜなら、子どもはやりとりを通して声を出す楽しみを見出し、模倣しながら言葉を覚えていくからです。「言葉のシャワー」ともいわれますが、乳幼児期から多くの言葉を注ぎ続けることで子どもは人間関係に不可欠な言葉を身につけていくのです。

3. 感覚・知覚の発達

コミュニケーションの要となる目や耳、口といった器官は母親のお腹の中にいるときに形成されます。目や耳は妊娠４週目頃から、口の機能は妊娠６・７週目頃からつくられ始めます 図3-2 [7]。

図3-2 在胎中の器官形成

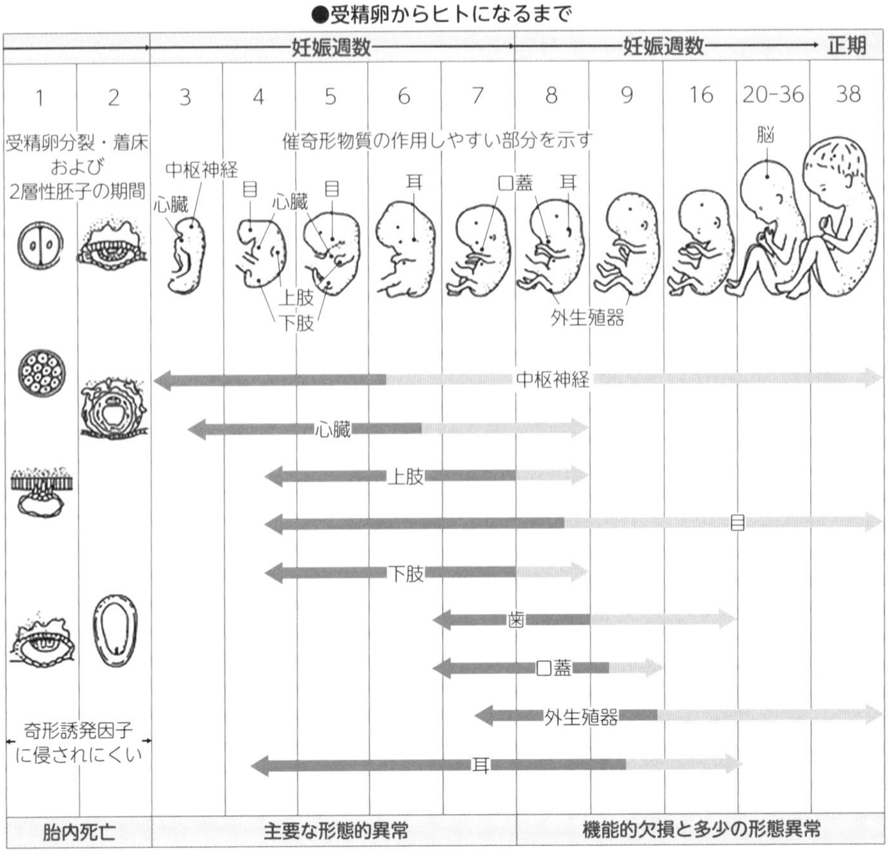

●受精卵からヒトになるまで

妊娠週数　妊娠週数　正期

1　2　3　4　5　6　7　8　9　16　20-36　38

受精卵分裂・着床および2層性胚子の期間

催奇形物質の作用しやすい部分を示す

中枢神経　心臓　目　心臓　目　耳　口蓋　耳　脳

上肢　下肢　外生殖器

中枢神経

心臓

上肢

目

下肢

歯

口蓋

外生殖器

耳

奇形誘発因子に侵されにくい

胎内死亡　主要な形態的異常　機能的欠損と多少の形態異常

矢印のオレンジ色は奇形誘発因子に非常に敏感な時期を示し、グレー色はあまり敏感でない時期を示す。
(K. L. Moore)

❶ 聴覚

妊娠中の女性がお腹の赤ちゃんに語りかけている場面を目にしたことはないでしょうか。胎児期にも聴覚は機能していて、生後数時間しか経っていない新生児も母親の声を聞き分けることが報告されています[8)]。

❷ 視覚

新生児の視力は0.02（0.01～0.03）で、焦点が合うのは20～30cmです。誕生時の視界はぼんやりとしていますが、抱っこされたときの相手との距離で焦点が合うようになっています。1960年以前は、新生児には何も見えていないと考えられてきましたが、選好注視の実験[9)]から、生まれて間もない新生児も人の顔の図を好んで見つめていることが報告されています 図3-3[10)]。さらに、２か月頃からは身近な人を追視するようになり、視力は半年で0.06程度、１歳で0.2程度になります。その後も姿勢の保持や運動発達に伴い乳児の視界はさらに広がりをみせていきます。

図3-3 選好注視の実験（Fanz, 1963）

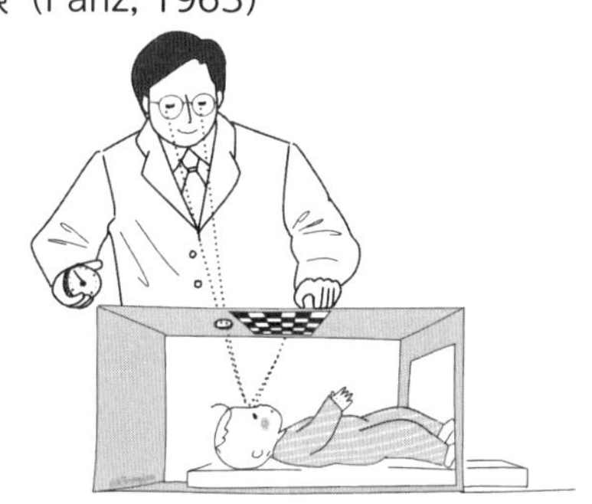

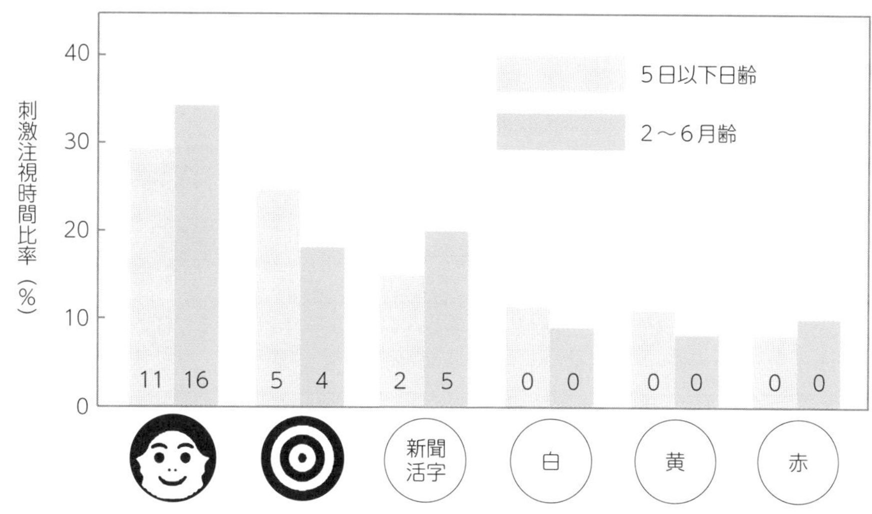

棒グラフの下の方にある数は、各刺激パターンを最も多く注視した乳児の人数である。例えば、11とは18名の生後５日以内の新生児中、顔の図形を他の刺激パターンより長く注視した新生児の人数を表している。

4. 認知の発達

❶ 目と手の協応

生後３か月頃になると、筋力や神経の連動性の発達に伴いハンドリガード（hand：手 regard：注視するの意）がみられます。自分の手を動かしてはじっと見つめたり、自らの手足に触れて楽しむようになります。これにより自分の身体を自らの意思で動かすことが可能になり、６か月頃になると、興味のあるものに手を伸ばして触れようとします（リーチング）。

❷ 模倣（直接模倣）

８か月頃、目の前にあるものの直接模倣も可能になり、身近な人の声や表情、動作を真似します（例：「バイバイ」）。

❸ 対象の永続性（目に見えているものへの理解）

８か月頃までには対象の永続性 図3-4 [11)、12)] の理解も一部進みます。生後しばらくは、目に見えないものは消滅したと考えますが、目の前にある対象が隠されたとしても、存在がなくならないことを理解します。これにより「いないいないばぁ」の遊びを楽しめるようになります。

図3-4 隠されたものへの理解（Piajet, 1954 Bower, 1974）

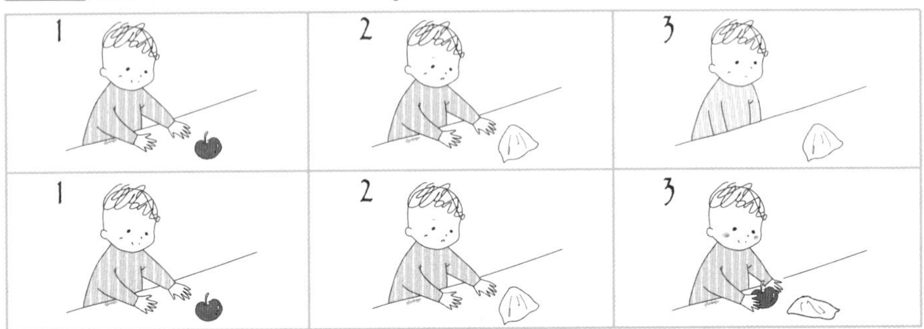

８か月以前の乳児は布で隠れた対象はないものとしてふるまう（上段）。８～12か月になると、隠されても対象をとることができ、存在がなくならないことを理解する（下段）（Piajet, 1954）

部分的に隠した対象については、８か月以前（３か月頃）にとることができる。つまり、一部隠されても対象がなくなっていないことを理解している。（Bower, 1974）。

5. 社会性の発達

❶ ベビーシェマ

乳幼児が大人を魅了する要因の１つにベビーシェマ 図3-5 [13] があげられます。愛らしい幼年時の外見的特徴は多くの生物に共通し、大人の養育行動を引き起こします。

図3-5 ベビーシェマ

・体に対する頭の大きさの割合が大きい
・額が大きく、目が大きく丸くて顔の低い位置にある
・鼻と口が小さく頬が膨らんでいる
・体がふっくらして手足が短くずんぐりしている
・動きがぎこちない

❷ 生理的微笑と社会的微笑

生後間もない新生児も入眠時に目を閉じたままニンマリと微笑むような表情を浮かべます。これは生理的微笑といわれ、レム睡眠との関連が示唆されますが、機序は解明されていません。一方、３か月頃の乳児は、人にあやされると笑うようになります。こちらは社会的微笑[14] といわれ、やりとりのなかで、手足を活発に動かしながら、相手の顔を見つめ、声を出して笑うようになるのです 図3-6 。

図3-6 生理的微笑（上）と社会的微笑（下）

❸ 人みしり・分離不安

８か月頃は、視力の発達や姿勢の保持に伴う視界の変化が生じ、知っているものと知らないものを識別するようになります。その結果、人みしりや分離不安[15] が生じ、特定の大人との関係性がより濃くなっていきます。

❹ 共同注意

視線追従（他者の視線の先を追う）や指さしが可能になると、９か月頃、他者との間で同じものに注意を向けて興味を共有する共同注意[16),17)]が成立します。例えば「あー」と言いながら、犬を指さす行動です。これにより「私とあなた」という二項関係の世界から、「私とあなたとワンワン（第３の事物）」という三項関係の世界が広がります 図3-7 。つまり、第３の事物を共通の話題に他者とコミュニケーションをとることができるようになります。

図3-7 二項関係（左）と三項関係（右）

❺ 社会的参照

乳児にとっての外界は未知との遭遇の連続です。そのため、１歳頃には、目の前に見えているものが安心できるかどうか、周囲の様子を確認するような行動がみられます（社会的参照）。視覚的断崖（ビジュアルクリフ）の実験 図3-8 [18)]では、不安を感じる場面（床面の変化）で、母親の表情を頼りに行動を決めていくことがわかります。

図3-8 視覚的断崖の実験（Sorce, 1985）

途中からガラス張りになる床の装置で、どれくらいの子どもがおもちゃをとりに行くか？

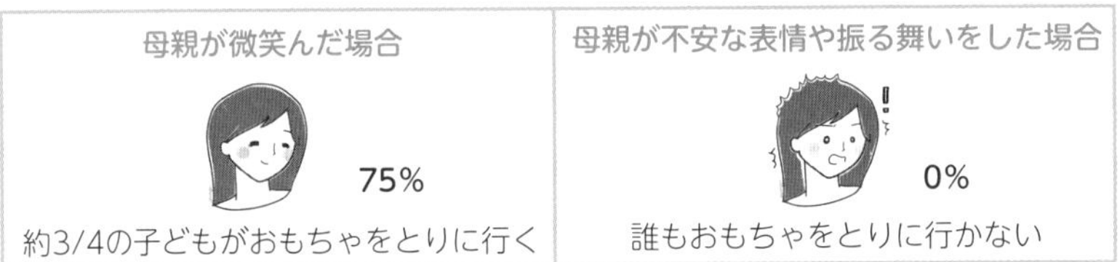

母親が微笑んだ場合	母親が不安な表情や振る舞いをした場合
75%	0%
約3/4の子どもがおもちゃをとりに行く	誰もおもちゃをとりに行かない

第２節 1歳以上3歳未満の子どもの人間関係の発達

児童福祉法では、「満１歳から、小学校就学の始期に達するまでの者」を幼児としています。一方で、保育所等では、０・１・２歳を乳児保育、３・４・５歳を幼児保育としています。法律では１歳以上を幼児といいますが、保育等では３歳以上からを幼児という場合があります。

この時期は、歩き始めから、走る、跳ぶなど、基本的な運動機能が次第に発達し、排泄の自立のための身体機能も整うようになります。また、つまむ、めくるなどの指先の機能も発達し、食事、衣服の着脱なども、保育士等の援助のもとで自分で行うようになります。さらに、発声も明瞭になり、語彙(ごい)も増加し、自分の意思や欲求を言葉で表現するようになります。このように、自分でできることが増えることから、保育者は自分でしようとする気持ちを尊重し、温かく見守るとともに、愛情豊かに、応答的にかかわることが重要です[5)、6)]。

1. 運動の発達

１歳を過ぎる頃に歩き始め、２歳前には走れるようになります。全身運動は飛躍的な発達を遂げ、行動範囲が広がります。また、指先もこまかな動きが可能になり、１歳頃のつまむという動作を発端に、コップを持てるようになり、３歳前後にはハサミを握れるようになります。

2. 言葉の発達

１歳頃に意味のある語彙で構成される一語文（例：「マンマ」「ママ」）を話し、２歳を過ぎる頃に二語文（例：「パパ　カイシャ」「ワンワン　キタ」）になり、３歳を迎える頃に三語文（例：「バァバ　オモチャ　トッテ」）を話します。

また、１歳半～２歳頃には、言葉が一気にあふれ出る語彙爆発期を迎え、語彙数は２歳で200～300語、３歳で500～600語になるといわれています。

さらに、２歳頃は「赤・黄・青」などの色の識別も可能になり、「大きい・小さい」「長い・短い」などの区別がわかるようになります。

幼児は覚えた言葉を会話で使うようになり、言葉をかわす楽しさや喜びを感じながら成長していきます。しかし、１・２歳児は、言語獲得の過程にあり、自分を表現する言葉が見当たらず、もどかしい思いをする場面も多くあるでしょう。思いや感情と言葉を一致させていく援助が必要となります。

3. 感覚・知覚・認知の発達

子どもの視力は、１歳前後で0.2程度、３歳頃には半数以上が1.0になり、視界が徐々にはっきりとしていきます。

❶ 模倣と表象

１歳を前に、目の前にいる人の模倣（直接模倣）が始まりますが、１歳半頃になると、見たものを時間をおいて再現する延滞模倣が可能になります。例えば、テレビのヒーローを遊びで演じるといった様子です。これは記憶の発達を意味し、イメージを頭の中に保存できるようになったことを示しています。その後、１歳半～２歳頃になると、表象や象徴（シンボル）機能の獲得も進みます。表象は、「頭に何かをパッと思い描くこと」で、象徴は「思い描いたものを別の何かで表すこと」です。例えば、車を連想し（表象）、積み木を車に見立てて走らせます（象徴）。象徴遊びには、ふり遊び・見立て遊び・ごっこ遊びがあり、幼児の遊びに多くみられます。表象や象徴機能の獲得は、言葉の発達と合わせて、他者と考えを共有するための原点となります。

直接模倣（８か月）
見えているものを真似る

延滞模倣（１歳半）
見たものを記憶し真似る

表象と象徴（２歳頃）
イメージを浮かべ（表象）、別のもので見立てて遊ぶ（象徴）

対象の永続性（２・３歳）
人やものが目の前になくても存在が消えていないことを理解する

❷ 対象の永続性（目に見えない存在への理解）

２歳頃は、対象の永続性[11] の理解も完結期を迎え、目の前にない対象も存在がなくなるわけではないことを理解します。例えば、母親が目の前にいなくても、心の中に存在を描くことができるようになるため、慣れた場所であれば、落ち着いて過ごします。

❸ 認知発達理論

ピアジェは、認知発達理論[19] で、０～２歳頃までを感覚運動期、２～７歳頃までを前操作期としています 図3-9 [20]。０・１歳児は、全身の感覚や運動を通して外界に適応します（感覚運動期）。２歳以降は、表象を用いて思考する段階に入りますが、幼児期はまだ物事を自分の視点からしかとらえることができません（⇨ 図4-1 56ページ）。幼児期の自己中心性[21] といわれ、子どもの愛らしさの象徴でもありますが、認知は発達の途中で、物事の理解には大人の手助けを必要とします 表3-3 。

図3-9 認知発達理論（Piajet, 1971）

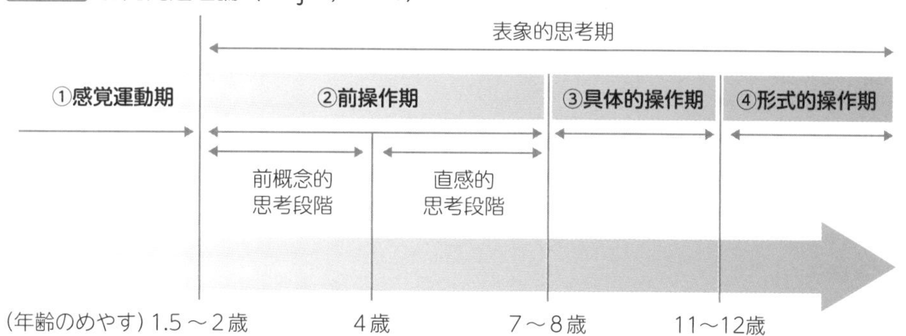

表3-3 幼児期の自己中心性の具体例（Piajet, 1931）

実念論 realism	想像と現実を区別できない
アニミズム animism	万物に人間のような命や感情や思考があると思う
人工論 artificialism	自然物も人間が作ったものと思う

4. 社会性の発達

3歳未満の子どもは大人にかかわりを多く求めます。子ども同士で遊ぶようになるのは、3歳以降です。0・1・2歳児の大人とのかかわりは、その後の人生を生きるうえでとても重要な意味をもつのです（⇨ 図4-4 59ページ）。

❶ 0・1・2歳を通して展開する発達理論

1）愛着（アタッチメント）理論

ボウルビィ[22]は、「特定の養育者に対して抱く親密で情緒的な結びつき」を愛着（アタッチメント）といい、愛着の形成過程を愛着（アタッチメント）理論で

表3-4 ボウルビィの愛着（アタッチメント）理論（Bowlby, 1969）

愛着の形成過程	発達のようす
Ⅰ期　0～3か月 前愛着形成段階 人の弁別がまだできず、誰に対しても同じように愛着行動（追視・生理的微笑・発声・泣き・つかむ）を示す。 	生後1か月頃 周囲の人の顔や目、声に対する反応 生後1～3か月 発声・社会的微笑
Ⅱ期　3～6か月 愛着形成段階 人の弁別ができ始め、日頃よくかかわってくれる人（通常は母親）に対して頻繁に愛着行動（追視・社会的微笑・発声・泣き・つかむ）を示す。 	生後4～6か月 母親の声を聞けばすぐにご機嫌になる 自分の意思で母親に近づく 母親の選択性が高まる
Ⅲ期　6か月～2・3歳 明確な愛着段階 人の弁別が明確になり、特定の人に対する愛着行動が顕著になる。ハイハイや歩行が可能になるため、愛着行動（後追い・抱きつき・しがみつき）も多様化する。一方、人見知りや分離不安が生じ、母親を安全基地として、母親から情緒的補給を受けながら探索行動に出かける。 	生後7～9か月 人みしり・場所みしり・分離不安 相手を識別し愛着行動が母親に集中する 生後10～15か月 明確な分離不安と母親選択　母親の後追い 母親から離れたりくっついたりして歩く
Ⅳ期　2・3歳以降 目標修正的協調性の形成 内的ワーキングモデルが機能するようになり、愛着対象が近くにいなくても、自分のところに戻ってきてくれるという確信がもてるようになる。 	生後16か月～2歳 自我の芽生え　第一次反抗期　イヤイヤ期 分離不安の低減　対象永続性の理解 生後25か月～3歳 対象恒常性の理解 母親がいなくても落ち着いて過ごせる

示しました 表3-4[23]。

生まれたばかりの子どもは、人の識別ができないため、誰に対しても同じように訴えかけます（Ⅰ期）。3か月頃になると、よくかかわってくれる人に対して愛着行動を示すようになり（Ⅱ期）、6か月を過ぎると、特定の相手への愛着行動がますます顕著に現れるようになります。「おかあさんは安全基地」[22),24)]といわれますが、母親を基地として、愛情の補給を受けながら、母親から離れたり（探索）くっついたり（接近）して少しずつ自分の世界を広げていくのです（Ⅲ期）。そして、2・3歳頃、愛着対象が内在化し、慣れている場所であれば母親と離れていても落ち着いて過ごせるようになります（Ⅳ期）。

2）心理社会的発達理論（ライフサイクル理論）

エリクソン[25)]は、乳児期から高齢期までの各段階に達成すべき発達課題と、達成されない場合に起こりうる発達危機があることを心理社会的発達理論（ライフサイクル理論）で示しています 表3-5[26)]。

乳児期の発達課題に基本的信頼をあげ、関係性の中心が親（母親）であることも述べています。乳児は愛情に満ちた関係性のなかで「守られている」「安心する」という基本的信頼を抱くようになります。反対に十分かかわってもらうことができなければ基本的不信を抱くのです。

また、幼児前期は、自律性を獲得することが発達課題で、関係性の中心は親（両親）であることも示しています。この時期は、身近な大人との温かなかかわりのなかで基本的生活習慣を身につけていきます。そのなかで、子どもに何事も「自分でしたい」という意思が芽生え、成功体験を重ねることで「自分でできる」という自律感が培われます。

表3-5 エリクソンの心理社会的発達理論の発達段階（Erikson, 1959）

社会的発達	徳	発達課題 vs 発達危機			中心となる環境
乳児期（0～18か月）	希望	基本的信頼	vs	基本的不信	母親
幼児前期（18か月～3歳）	意思	自律性	vs	恥・疑惑	両親
幼児後期（3～6歳）	目標	自主性（積極性）	vs	罪悪感	家族
学童期（6～12歳）	適格性	勤勉性	vs	劣等感	近隣・学校
青年期（13～20歳半ば頃）	誠実性	アイデンティティの確立	vs	アイデンティティの拡散	仲間・集団
成人前期（20歳後半～40歳頃）	愛	親密性	vs	孤立	性愛・結婚
成人後期（40歳～60歳半ば頃）	世話	世代性（生殖性）	vs	停滞	家族・伝統
高齢期（60代後半以降）	英知	統合性	vs	絶望	親族・人類

事例1

あおいちゃんの成長　**8か月→1歳半→2歳半**

①（8か月）家のインターホンが鳴りました。あおいちゃんは母親の後を追ってハイハイで玄関までついていきます。ドアを開けた途端、見慣れない人の姿に圧倒されて、母親の足元にしがみついて大声で泣いてしまいます。

②（1歳半）あおいちゃんは歩けるようになりました。ちょうが飛んできて、夢中になって追いかけます。しばらくすると、母親の存在を確認します。急いで母親のもとに戻っては、スキンシップをとり、次はどんぐり拾いに出かけます。

③（2歳半）あおいちゃんは保育所に入園しました。お迎えを待ちながら人形遊びをしています。「あかちゃん　えほん　よんであげるね　ママ　はやく　くるからね」と、絵本を片手に人形に布団をかけ背中をトントンしています。

【演習課題】

以下の視点であなたの考えをまとめましょう。

❶ それぞれの時期の発達と養育者との関係性について特徴をあげてください。

❷ 安全基地としての大人の役割について考えをまとめてください。

❸ 愛着形成や信頼の構築は、子どもにどのような影響を与えるでしょうか。

6～8か月には、愛着対象が特定化し人みしりが出現します。知っているものと知らないものを識別するようになり、慣れないものには恐怖を抱きます。そのため、母親と離れることに分離不安が生じるようになります。

また、1歳頃は、歩けるようになり、自らの興味に沿って行動範囲が広がります。新しい世界を知る一方で、人みしりや分離不安は増長します。母親を安全基地に、外界の探索と母親への接近を繰り返しては自分の世界を広げます。あおいちゃんも好奇心のままに足を進めては、母親のもとに戻って愛情の補給をして、また次の探索へと出かけています。

2・3歳になり愛着対象が内在化すると、慣れた場所であれば安心して遊びます。あおいちゃんも、日頃、自分が家族にしてもらっているように、人形を世話しているのでしょう。養育者との間で愛着が形成され基本的信頼が構築されると、安心して他者とかかわるようになります。子どもは、養育者との愛着や基本的信頼を通して、自分に対する自信や他者に対する信頼を高めていきます。

第3節 自己への気づきと自己主張

1. 鏡像自己認知

2歳頃の子どもは自己の存在に気づくといわれています。これは、ミラーテスト（子どもの顔に気づかれないようマークをつけ、時間をおいて鏡を見せる実験）に表れます。子どもが顔についたマークを取ろうとすれば、鏡に映る対象が自分だと認識していることになります。この実験の通過は1歳半～2歳に集中しますが、鏡を通して、子どもは自分という存在に気づきます。

2. 自我の芽生えと第一次反抗期

自己の存在の発見により、子どもは他者の存在を発見します。これにより、自他の区別がつくようになり、自らの思いを強く主張するようになります。これが、2歳頃生じる自我の芽生えです。この時期は、自他の区別はつくものの、まだ他者の考えまでは理解が及ばないため（⇨心の理論57ページ）、自己を強く主張します。

また、言葉も発達の途中で自分を表現する言葉も多くもちあわせていないため「イヤ」という言葉でしか返答できず、癇癪（かんしゃく）を起こすことも多くあります。いわゆる「イヤイヤ期」「魔の2歳」といわれる第一次反抗期です。大人にとっては大変な時期ですが、幼児期の自己主張は大切に育む必要があります。

3. 自己主張の意義

ここに、幼児期の自己主張の重要性を示す研究があります 図3-10 [26)]。これによると、「自己主張は3～4歳までに大きな伸びが見られるものの、その後4歳半頃までを境に伸びが見られなくなる」ことが報告されていて、幼児期は「自分の欲求や意思を明確にもち、これを他人や集団の前で表現し主張することが重要である」ことが示されています。さらに、「自己抑制は3～6歳の間になだらか

図3-10 自己主張・自己実現と自己抑制の年齢的消長（柏木, 1988）

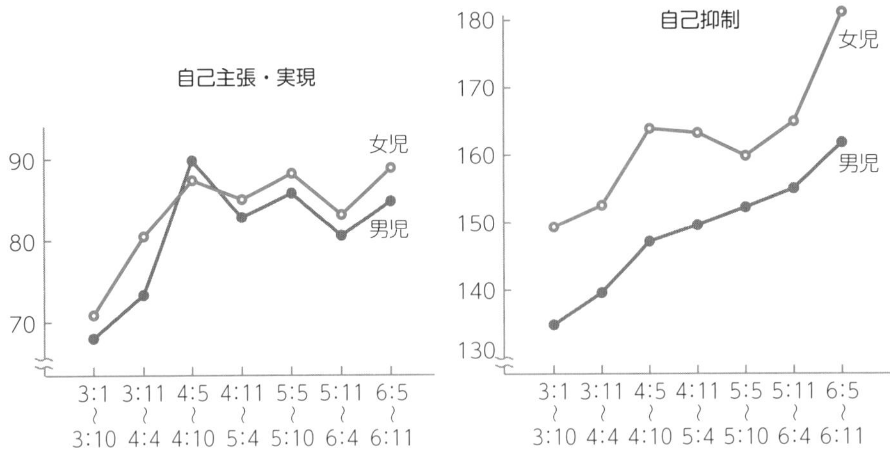

な増加が見られる」ことも述べられています。

つまり、２歳頃生じる自己主張は少なくとも幼児前期の間は大切に育むとよいでしょう。なぜなら、幼いうちに、自己を主張する経験を通して、自分を表現できる安心感を覚え、周囲の温かな（応答的・受容的）かかわりによって自分に対する自信や、他者に対する信頼を獲得していくからです。この自分への自信や他者を信頼していく過程がのちの人格形成や人間関係に大きな影響を与えます。

事例2

あかねちゃんとかんた君 **2歳**

あかねちゃんはブロックで赤い屋根のおうちをつくっています。かんた君はすぐそばでブロックを消防車に見立てて遊んでいます。あかねちゃんはもう少し赤いブロックが欲しいようで、かんた君の近くにあるブロックに手を伸ばします。すると、かんた君は「めっ（ダメ）」と、あかねちゃんの手を叩きます。保育者はあわてて間に入り、あかねちゃんに緑のブロックを渡しますが、大声で泣きながら首を横に振っています。かんた君に「貸して」と言いますが、かんた君は「イヤ」と繰り返します。

【演習課題】

以下の視点であなたの考えをまとめましょう。

❶ あかねちゃんとかんた君には、どのような気持ちがあるでしょうか。

❷ あなたが保育者なら、どのようにかかわるでしょうか。

❸ 応答的かかわり・受容的かかわりの意義について考えてみましょう。

２歳児のいざこざの原因にはものや場所の所有が多く認められます[27)]。赤いブロックは二人にとって自分のものです。２歳頃は「自分のもの」「人のもの」という区別は難しく、道具を共有しながら遊べるようになるのはもう少し先の話です（第10章「遊びと人間関係の発達」）。また、自分の思いを表現する言葉が見当たらず、もどかしい思いをすることもあるでしょう。先に手が出ることも珍しくありません。保育者が気持ちを切り替えたり、代替案を示すことはとても重要なことですが、この場合はうまくいきません。

そこで、先輩保育者が介入し、二人の気持ちを代弁します。

「あかねちゃんはおうちをつくっていたんだね。赤い屋根のおうちだね」

「かんた君は消防車だね。いっぱいいないと火が消せないね」

「あかねちゃんは手を叩かれてこわかったね。そういうときは貸してって言えるともっといいね」

「かんた君はブロック持っていかれてびっくりしたね。でも叩いたらあかねちゃんがイタイイタイだよ」

大人が子どもの気持ちを代弁することで、わかってもらえたと安心する場合があるでしょう。まずは、それぞれの言葉にならない思いを代弁し言語化することが重要です。ここで子どもの思いに応答的に対応するかかわりや子どもの気持ちを受容的に受け止めるかかわりが求められます。

そのうえで、相手の思いにも触れています。まだ、他者の思いに気づく年齢ではありませんが、自分に心があるように他者にも心があることをのちに気づけるよう言葉をかけています。また、これから覚える「貸して―いいよ」のやりとりもそっと示しています。

集団生活においては、それぞれの主張がぶつかり合うため、すべての主張を尊重するのは難しい場合もあるかもしれません。しかし、いつも自己の欲求が満たされなければ、子どもの自尊心が育ちません。やはり、２歳頃芽生える自己主張は少なくとも幼児前期の間までは温かく育むべきでしょう。

【学習のまとめ】

● 0歳以上３歳未満児の人間関係にかかわる諸機能の発達

運動発達は１歳頃に歩き、２歳前には走れるようになります。言葉は３・４か月で喃語を発し、１歳頃には有意味語を話します。３歳頃には語彙量も増え日常会話が豊かになります。対人関係は大人とのかかわりを主に、模倣をしたり、見立て遊びやごっこ遊びをして遊びます。幼児の自己中心性が示すように、物事の理解は発達の途中ですが、子どもなりに考え、大人と興味を共有します。このように、運動や言葉・認知や社会性などあらゆる機能の発達を遂げながら、身近な人との人間関係が形成されていきます **表3-6**。

● ０歳以上３歳未満児の人間関係の発達

３歳未満の子どもの人間関係の発達を考えるうえで重要なキーワードは、①愛着形成、②基本的信頼、③自我の芽生え、④自己主張です。

乳幼児期に養育者との間で愛着を形成することは生涯における重要な課題で

表3-6 人との関係にかかわる諸機能の発達の目安

	運動		言葉	感覚・知覚・認知	社会性
	粗大運動	微細運動			
０か月（誕生）	原始反射 ・把握反射・モロー反射 ・哺乳反射 （探索反射・捕捉反射・吸啜反射等）		産声	視力：0.01～0.03 20～30cm先しか見えない 選好注視	ベビーシェマ 生理的微笑
２か月			クーイング 「アッアッ」「エッエッ」「クー」	追視	
３か月	首のすわり	ガラガラを握る（５秒程度）	過渡的喃語（ほとんどが母音） 「アー」「ウー」「エー」	ハンドリガード 視力：0.02～0.03	社会的微笑 特定の人への選択性の高まり
４か月			規準喃語（母音＋子音） 「ブー」「バー」「ダー」 （唇を一度閉じないと出ない音）		
５か月					
６か月	寝返り	手を伸ばしてものをつかむ	反復喃語 「ババババ」「マンマンマン」	視力：0.04～0.08	
８か月	いすに座る ハイハイ			模倣（直接模倣） 隠されたものへの理解	人みしり　分離不安 母親：安全基地
９か月					
10か月	つかまり立ち	親指を使ってつまむ		共同注意　社会的参照	
12か月（１歳）	つたい歩き	親指と人差し指でつまむ なぐり描き	初語　有意味語 「マンマ」「ママ」「パパ」	視力：0.1～0.2	＊基本的信頼の獲得が乳児期の発達課題
１歳半	上手に歩く 走り始める	積み木を積む	語彙爆発	延滞模倣 表象・象徴機能の獲得	鏡像自己認知 自我の芽生え 第一次反抗期
２歳	両足ジャンプ ボール蹴り	積み木を高く積む	二語文「ワンワン　キタ」 語彙数：200～300語	対象の永続性の理解 自己中心性	
２歳半	ボール投げ	縦線を描く		実念論・アニミズム・人工論	
３歳	片足立ち	ハサミで切る ○を描く	三語文「ママ　パン　トッテ」 語彙数：600～1000語	視力：1.0（67%）	愛着対象の内在化 ＊３歳頃までは親子間の愛着形成期

す。子どもは、身近な人との愛着に満ちた関係性のなかで人間関係を形成していきます。そうした親子の安定した関係性のなかで子どもは他者に対する基本的信頼を獲得するのです。

さらに、２歳頃は、鏡を通して自分の存在に気づくようになります。これは他者の発見にもつながり、自他の区別がつくようになります。しかし、まだ他者の心にまでは理解が及ばないため、自分の考えや思いを強く主張します。これは第一次反抗期の始まりでもありますが、少なくとも幼児前期の間は自己主張（自己発揮）を大切に育むとよいでしょう。なぜなら子どもは、身近な人の温かな（応答的・受容的）かかわりを通して、自分に対する自信や他者に対する信頼を高めていくからです。

この乳幼児期の身近な人との温かな関係性はのちの人格形成につながり、生涯にわたる対人関係の基盤となります。保育者は子どもの人生初期にかかわる大人の一人であることを意識しておきたいものです。

引用文献

1）無藤隆・古賀松香編著『実践事例から学ぶ保育内容――社会情動的スキルを育む「保育内容 人間関係」』北大路書房、2016、p.31.
2）Ainsworth, M.D.S., Blehar, M.C., Waters, E., & Wall, S., *Patterns of attachment:A psychological study of the strange situation*, Erlbaum, 1978.
3）Main, M., & Solomon, J., *Discovery of a new, insecure-disorganized/disoriented attachment pattern*, In Yogman, M., & Brazelton, T. B. (Eds.), Affective development in infancy, 1986, pp.95-124. Norwood, NJ: Ablex.
4）遠藤俊彦著「人との関係の中で育つ子ども」遠藤俊彦・佐久間路子・徳田治子・野田淳子編『乳幼児のこころ――子育ち・子育ての発達心理学』有斐閣、2011、pp.85-120.
5）厚生労働省『保育所保育指針（平成29年告示）』フレーベル館、2017.
6）内閣府・文部科学省・厚生労働省『幼保連携型認定こども園教育・保育要領（平成29年告示）』フレーベル館、2017.
7）Keith L. Moore., *The developing human: Clinically oriented embryology 4th Edition*, Philadelphia, 1988, pp.131-158.
8）DeCasper, A.J., & Fifer, W.P., *Of human bording:Newborns prefer their mother's Voices*, Science, 1980, pp.208, pp.1174-1176.
9）Fantz, R.L., *Pattern vision in newborn infants*, Science, 140, 1963, pp.296-297.
10）浅野敬子・丸山真名美『保育・教育実践のための心理学』みらい、2012、p.25.
11）Piaget, J. (M. Cook, Trans.), *The development of object concept*, New York: Basic Books, 1954, pp.3-96.
12）Bower, T.G.R., *Development in infancy*, Freeman Company, 1974.
13）Lorenz, K., *Die angeborenen Formen möglicher Erfahrung*, Zeitschrift für Tierpsychologiy, 5(2), 1943, pp.235-409.
14）Spitz, R.A., *The Smiling Response*, Genet. Psychol, Monog, 1946.
15）Spitz, R.A., *The first year of life:A psychoanalytic study of normal and deviant development of object relations*, International Universities Press, I, 1965.
16）Bruner, J. S., *From communication to language*, Cognition, 3, 1975, pp.255-287.
17）Tomasello, M., Joint attention as social cognition. In Moore, C., & Dunham, P.J.(Eds.),

Joint attention: Its origins and role in development, Hillsdale, NJ: Lawrence Erlbaum Associates, 1995, pp.103-130.
18）Sorce, J.F., Emde, R.N., Campos, J.J., & Klinnert, M.D., *Maternal emotional signaling: Its effect on the visual cliff behavior of 1-year-olds*, Developmental Psychology, 21(1), 1985, pp.195-200.
19）Jean Piajet., *The theory of stage in cognitive development*, D. R. Green, M. P. Ford, & G. B. Flamer（Eds）, *Measurment and Piajet*, New York; McGraw-Hill, 1971, pp.1-11.
20）山下富美代編著『発達心理学』ナツメ社、2002、p.65.
21）Jean Piajet., *Children's Philosophies*, Murchison, Carl（Ed）., *A handbook of child psychology*, Clark University Press, pp.377-391, 1931.
22）Bowlby, J., *Attachment and loss: Vol. 1. Attachment. 2nd Ed. Basic Books*, New York: 1982.(Original ed. 1969)
23）谷向みつえ「愛着障害」、大石史博・西川隆蔵・中村義行編『発達臨床学ハンドブック』ナカニシヤ出版、2005、p.54.
24）Ainsworth M.D., *Attachments beyond infancy*, American Psychologist, 44, 1989, pp.709-716.
25）Erikson, E.H., *Identity and the life cycle*, New York International Universities Press, 1959.
26）柏木惠子『幼児期における「自己」の発達』東京大学出版会、1988、p.23.
27）臼井博・森田亜希子・山田真由美・岩宗威晴・二宮香・桜井亮「2、3歳児の対人的問題解決行動の発達――いざこざ場面における行動の縦断的分析」北海道教育大学紀要45(1)、1994、pp.43-55.

参考文献

・Anderson, John E., *Review of The construction of reality in the child*, Psychological Bulletin. 52(6), 1955, pp.526-528.
・Bower, T. G. R., *Development in infancy*, San Francisco: Freeman, 1974.
・Bowlby, J., *Attachment and loss. Vol.1:Attachment*, New York: Basic Books, 1969.
・Fantz, R.L., *The origin of form perception*, Scientific American, 1961.
・Piajet, J. (G. Gattegno & F. M. Hodgson, Trans.), *Play, Dreams and Imitation in Childhood*, New York: Norton, 1962. [La formation du symbole chez l'enfant; imitation, jeu et reve, image et représentation（1945）].
・Piaget, Jean; Inhedler, Bärbel, *The psychology of the child*, Basic Books, 1969.
・Piaget, Jean, *The Psychology of Intelligence*, Totowa, NJ: Littlefield, 1972.
・Piaget, J., *The Development of Thought: Equilibration of Cognitive Structures*, University of California, 1977.
・Scaife, M., & Bruner, J., Joint visual attention., *The capacity for joint visual attention in the Infant*, Nature, 253, 1975, pp.265-266.
・Tomasello, M., On the interpersonal origins of self-concept. In U. Neisser(Ed.), *The perceived self: Ecological and interpersonal sources of self-knowledge*, 1993, pp.174-184. Cambridge: Cambridge University press.
・浅野敬子「第２章生まれて２年」梶田正巳編『子どもはどう発達するか』有斐閣、1980.
・浅野敬子「第３章子どもの発達のさまざまな側面」浅野敬子・丸山真名美編『保育・教育実践のための心理学』みらい、2016、p.58.
・遠藤俊彦「アタッチメント理論とその実証研究を俯瞰する」数井みゆき・遠藤俊彦編『アタッチメントと臨床領域』ミネルヴァ書房、2007、pp.1-58.
・倉戸直実監、成田朋子編『最新保育テキストブック６ 発達心理学』聖公会出版、2007.
・J・ピアジェ、滝沢武久訳『発生的認識論』白水社、1972.
・J・ピアジェ・E・H・エリクソン他、赤塚徳郎・森楙監訳『遊びと発達の心理学』黎明書房、2000.
・深津時吉・会津力・小杉洋子『発達心理学――乳児期から児童期までの発達の姿をとらえる』ブレーン出版、1998.
・アドルフ・ポルトマン、高木正孝訳『人間はどこまで動物か――新しい人間像のために』岩波書店、1961、pp.25-76.

第4章

3歳以上児の子どもの人間関係の発達

本章のねらい

3歳以上児の子どもの人間関係の成長をとらえるには、子どもの発達段階における課題と発達的特徴を理解することが重要です。また、3歳以上児の子どもの人間関係は、大人との関係から仲間関係、異年齢児とのかかわりと人間関係が広がっていく時期となります。子どもは人間関係を通して、自分の気持ちを調整し、人への思いやりや仲間と協同していくことを学び、大人から自立していきます。

学習のポイント

- 3歳以上児の子どもの発達課題と発達的特徴、人間関係の特徴を理解しましょう。
- 異年齢の子どもとかかわる機会の減少となっている社会的背景を理解しましょう。異年齢児の交流は、子どもの主体的な学びへとつながります。
- 協同性の育ちにつながる自己調整力の発達、自己主張と自己抑制の重要性を理解しましょう。

学習の準備

３歳以上になると、衣服の着脱、食事、排泄などたいていの身の回りのことは自分一人でできるようになっていきます。また、家族以外のさまざまな人との信頼関係を広げ、同年齢や異年齢の子どもとの関係から多くのことを経験する時期でもあります。この時期は、人間関係の広がりがみられ、「個」から「集団」への移行期でもあり、子どもにとっては仲間との間で葛藤やつまずきを体験し、自己調整力や協同性、人に対する思いやりを学ぶ機会となります。将来の人間関係の基礎を養う大切な時期といえます。

課題

1 ３歳以上児の発達過程、特に人間関係における発達の特徴を理解しましょう。
2 異年齢児と交流する機会が少なくなっている現代の社会的背景や異年齢児との交流を通して、育みたい力を考えてみましょう。
3 自己調整力とはどのような力なのか、子どもがどのようなかかわりを通して培うことができるのか考えてみましょう。

第１節　３歳以上児の子どもの人間関係の発達

３歳以上児の人間関係の発達を考えていく際に、まずは人間の発達段階における課題を考えていくことが重要です。エリクソンは、乳児期から老年期までの一生を８つの発達段階に分け、各発達段階において達成すべき発達課題と、課題が達成されずに起こる発達危機を示しています。ここでは、乳児期から青年期までの発達段階を示します 表4-1。３歳以上児は、幼児後期の段階となるので、発達課題は「自主性（積極性）VS 罪悪感」であり、自主性（積極性）の獲得が課

表4-1 エリクソンの心理社会的理論（ライフサイクル理論）の発達段階

発達段階	発達課題 vs 発達危機	徳	重要な対人関係
乳児期	基本的信頼 vs 基本的不信	希望	母親
幼児前期	自律性 vs 恥と疑惑	意志	両親
幼児後期	自主性（積極性）vs 罪悪感	目的	家族
学童期	勤勉性 vs 劣等感	適格	近隣・学校
青年期	同一性 vs 同一性の混乱（拡散）	忠誠	仲間

題となります。幼児後期になると、子ども同士の交流が増え、好奇心も強くなることから、自己主張をしていくようになります。この時期に自己主張がうまくできなかったり、叱責をされることが多くなると、自分らしさを発揮することや、そのことで自分は罰せられるという罪悪感をもつようになります。自分で考え、行動していくことで、「うまくいった」などのポジティブな体験をもとに自主性（積極性）が育まれ、自分自身で目的を考え行動を起こしていくという力が養われていきます。

1. 3歳以上児の子どもの発達的特徴

３歳以上児は、基礎的な運動能力を身につけ、自我の芽生えとともに基本的生活習慣（起床、洗面、衣服の着脱、食事、排泄、就寝など）を獲得していきます。また、言語においても話し言葉の基礎ができ、自分の思いを言葉にして伝えることができるようになり、３～４歳にかけて日常生活での言葉のやりとりがスムーズにできるようになります。４歳頃には「何で？」「どうして？」などの疑問詞が増え、５歳頃になると助詞の理解が深まり、他者とのコミュニケーションを楽しみ、知的好奇心の高まりにもつながります。

知的好奇心の高まりに伴い、子どもの世界が広がり、知識の広がりもみられることから、自分の知識を使い、主体的に学び、物事を理解しようとします。特に、３歳以降は認知や思考の発達が大きく、子どもの認知・思考は発達段階によって異なります。スイスの心理学者ピアジェは、認知の発達を４つの段階で説明しています **表4-2** [1)]。認知発達段階は、「感覚運動期（０～２歳）」「前操作期（２～７歳）」「具体的操作期（７～11歳）」「形式的操作期（11歳以降）」に分けられ、幼児期は、前操作期の段階になります。前操作期は、物事を自分のイメージや表象を使って認識することができるようになりますが、自他の区別がされていなかったり、目で見える形によって思考が影響を受けるため、非組織的で非論理的で大人のように思考することはできません。さらに、前操作期は「象徴的（前概念的）思考（２～４歳）」と「直感的思考（４～７歳）」の段階に区分されています。象徴的（前概念的）思考とは、言葉が概念化されていないため、「ワンワン」というときは、自分の家で飼っている犬を指し、自己中心的な認知がみられることと同時に、大人のように犬の共通点を見出し、説明して一般的な犬を指すということがまだ難しい段階です。直感的思考とは、言葉の概念化が進み、共通点のあるものをまとめたり、違いを見つけて分類することができるようにな

表4-2 ピアジェによる認知の発達段階

発達段階	認知の枠組みの特徴
感覚運動期 （0～2歳）	身近な環境にかかわり、見る・聞く・触る・吸う・つかむ・たたくなど、感覚や自らの身体を使った運動を通して物事を理解していく。
前操作期 （2～7歳）	イメージや表象、象徴（シンボル）機能を使い頭の中で考えることができるようになるが、自他の区別が難しく自分の視点で物事を理解していく。
象徴的（前概念的）思考 （2～4歳）	象徴的思考（イメージや表象が可能）の段階ではあるが、言葉が概念化されず、個と類の識別はできない。
直感的思考 （4～7歳）	言葉の概念化が進み、個と類の識別はできるが、見た目に左右されることがある。
具体的操作期 （7～11歳）	自己中心性が減少し、見た目に左右されず、具体的な事柄について論理的に思考し、保存の概念も成立する。
形式的操作期 （11歳以降）	具体的な事柄だけでなく、記号や数字などの抽象的な事柄や予測しながら考える、論理的・抽象的思考ができるようになる。

出典：ジャン・ピアジェ、波多野完治・滝沢武久訳『知能の心理学』みすず書房、1998、pp.194-289をもとに筆者作成

りますが、論理的なものではなく直感（見た目）を思い込む中心化がみられ、知覚の優位性がある段階です。

前操作期の子どもの認知や思考の特徴を、ピアジェとインヘルダーが「３つの山問題」を使って示しています 図4-1[2]。３つの山問題では、Ａ地点で正面に見える３つの山が、B、C、D地点からはどのように見えるかというのを問うも

図4-1 ３つの山問題の模型図

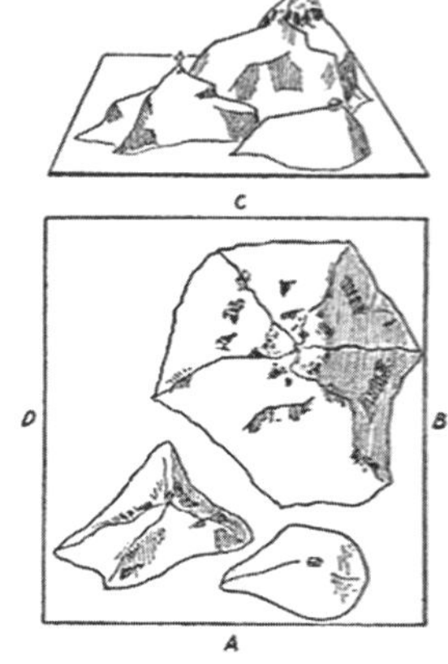

出典：波多野完治編『ピアジェの発達心理学』国土社、1965、p.85.

図4-2 ３つの山問題での正答率

保育園児　5歳９か月
小学２年生　7歳８か月
小学４年生　9歳８か月
小学６年生　11歳８か月

(%)
100
90
80
70
60
50
40
30
20
10

B　C　D　全地点正反応
地　点

出典：田中芳子「児童の位置関係の理解」『教育心理学研究』第16巻第２号、1968、p.33をもとに筆者作成

のです。田中はピアジェの実験を実施し、その結果、保育園児（5歳9か月）の子どもはB、C、D地点での正答率が小学生よりも低く、前操作期の子どもは他者の視点から考えることを苦手としています 図4-2 [3]。3歳以降の人間関係は、「個から集団」「大人から仲間」に移行していくため、この時期の子どもの認知や思考の発達的特徴を知ることが重要です。

2. 3歳以上児の子どもの人間関係

子どもにとって、最初の愛着の対象は母親であることが多いですが、愛着の対象は母親に限らず、父親や祖父母などさまざまな関係のなかで育っていきます。愛着関係を形成できると、子どもにとって愛着対象者が「安全基地」となり、気持ちを安定させながら人間関係を広げ、自立していきます。自立に向けて3歳以降から周囲の友達との交流や集団で活動する機会が増えます。それと合わせて、自己主張が強くなり、コミュニケーションがうまくとれないことなどで、周囲の友達と言い争いになってけんかをすることがでてきます。3歳以降は、自分の気持ちを言葉で表現していくことと、他者とかかわりながら他者の気持ちを考え、理解していけるようになることが大切になります。他者との交流を通して、自己主張と自己抑制の葛藤を通して自己発揮していくこと、そして、他者と目的やルールを共有し、そのなかでよいこと悪いことを判断していく道徳性の芽生えが育まれます。

人間関係が広がっていくなかで、他者の心を推測し理解する力が重要となり、その能力のことを心の理論（theory of mind）といいます。心の理論の成立を確かめる方法として有名な誤信念課題があり、代表的なものにサリーとアンの課題 図4-3 があります[4]。この課題では、幼児期の子どもに“帰ってきたサリーが最初にビー玉を探すのはどこ？”と質問をすると、3歳頃の子どもは「箱」と間違ってしまい、半数の子どもが4歳半で正答し、5歳以降は多くの子どもが正答します。この結果から幼児期前半では、まだ自分の視点で物事を判断してしまいますが、幼児期後半では、他者の視点や心に対しての理解が進むことがわかります。他者の気持ちを理解していくにも発達段階があるため、子どもの発達段階に合わせてかかわっていくことが大切です。子どもが他者にはたらきかけ、そのなかで成功や失敗を積み重ねながら、自己や自分とは異なる他者に触れ、自己理解・他者理解を深めていくことが人間関係の基盤をつくることにつながっていきます。

図4-3 サリーとアンの課題

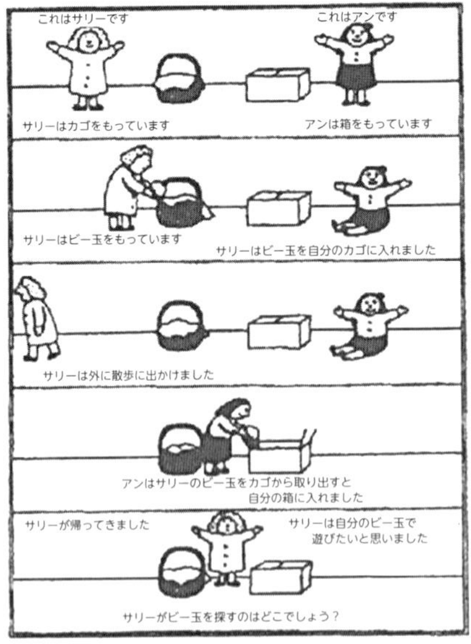

出典：ウタ・フリス、冨田真紀・清水康夫訳『自閉症の謎を解き明かす』東京書籍、2002、p.271.

3. 3歳以上児の子どもの仲間関係

3歳以上児になると入園する子どもが増え、集団生活に伴い保育者や友達などの他者が加わり、人間関係が広がります。子どもは、遊びを通してさまざまなことを学び、遊びの発展とともに人間関係も広がります。坂口は、子どもの遊びを観察し、3～4歳にかけて大人から子どもに遊び相手が変化していくことを報告しています 図4-4 [5)]。

年齢の近い集団との関係を「仲間関係（peer relationships)」、仲間関係のなかでも特に親しい関係を「友達関係（friendship)」と呼び、友達関係は対等であること、主体的あるいは自発的な関係である特徴があり、遊びや生活を含めた共通の活動を通して形成されていきます。友達関係は幼児期よりも学童期、青年期において重要な役割を果たし、幼児期は友達関係よりも仲間関係が中心になると考えられます。幼児期における仲間関係について、津守・磯部は4つの段階に分類しています 表4-3 [6)]。

3歳になると、友達と同じ場所でそれぞれの遊びや同じ遊びをする平行遊びをするようになり、大人の直接的な介入がなくても仲間と同じ空間にいて遊ぶことができるようになります。しかし、3歳は自己主張し、まだ他者の気持ちを推測

図4-4 遊び相手が大人の場合と子どもの場合の発達的変化

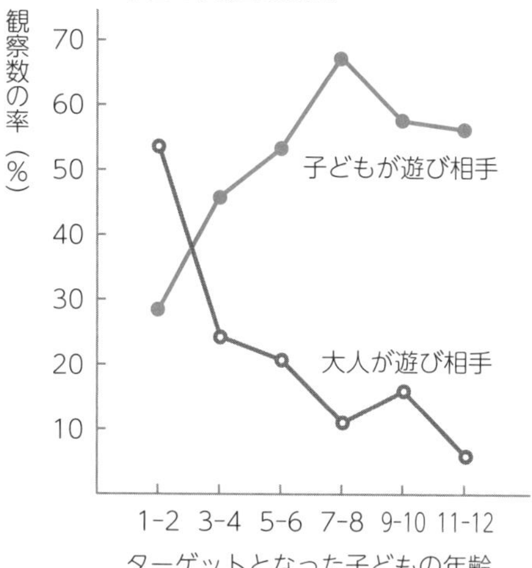

出典：坂口哲司編『保育・家族・心理臨床・福祉・看護の人間関係 第３版』ナカニシヤ出版、2009、p.34.

表4-3 幼児期における仲間関係

子どもとの受動的関係（13〜20か月）	他児からのはたらきかけに反応する。特別な交渉はなくても他児と一緒にいることがうれしい。
子どもとの積極的交渉（21〜35か月）	他児に積極的に関心を示し、話しかけたり簡単なごっこ遊びをするが、相互的な交渉は少なく、まだお互いがばらばらである。
相互交渉・自己顕示（36〜53か月）	一緒に遊ぼうという意欲が現れ、相互にやりとりをしながら遊ぶ。反面、自己主張が強くなり、他児との競争意識も現れる。
相互規制（54〜84か月）	集団意識が明確になってくる。複数の仲間で共通の目標が成立する。そして、ルールが成立し、個人の行動を規制するようになる。他児の意志や感情の理解もできてくる。

出典：津守真・磯部景子『乳幼児精神発達診断法——３才〜７才まで』大日本図書、1965、p.177.

したり、自分の気持ちを我慢することが難しい時期なので、子ども同士でぶつかりトラブルになることもでてきます。４歳になると我慢する力も身についてきて、仲間と楽しい遊びを共有したいという思いが生まれてきます。集団生活や遊びのルールについても理解が進みますが、ルール違反でぶつかることもみられ、人間関係の葛藤に悩むことも多くなり、他者の気持ちを理解していくことが課題になります。５歳になると、集団で共通の目的やルールを共有し、役割をもって協力し合う協同遊びが増え、仲間と協同することが可能になります。

大人とのかかわりから仲間とのかかわりに移行し、仲間との触れ合いのなかで「コミュニケーション能力」「共感・思いやり」「自己発揮・自己抑制」「協同性」「社会的ルールの理解」「道徳性・規範意識」などが育まれていきます。

第２節　異年齢児とのかかわり

近年の日本社会においては、少子化、核家族化による家族形態の変化に伴い、一般世帯の１世帯あたりの人員は、2020（令和２）年の国勢調査によると1950年代までは平均５人程度でしたが、2020（令和２）年には2.21人となっています。単独世帯と二人世帯の増加がみられ、世帯数全体の約66％を占めています。家族の縮小化が進んでおり、少子化の影響により、子どものきょうだいの人数も少なくなり、一人っ子の割合が増加しています 図4-5。きょうだいの人数や近所の子どもと遊ぶ機会の減少により、現代の子どもは異年齢で交流する機会が少なくなっています。

異年齢児とのかかわりを通して、年上の子は年下の子を助けるなどの思いやりの気持ちが育まれ、年下の子は年上の子を目標にする気持ちが芽生え、お互いが学び合う機会になると同時に友達の幅が広がります。

図4-5　１世帯の子どもの数の比率

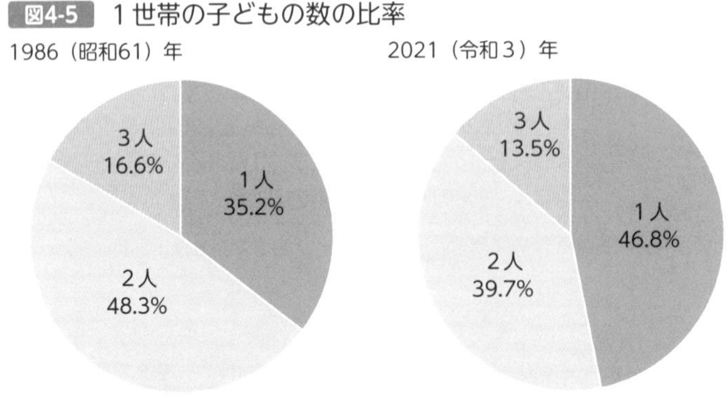

出典：厚生労働省「2021（令和３）年国民生活基礎調査」

事例１

みんなで鬼ごっこ

自由遊びの時間に、園庭で５歳児（年長）５名が鬼ごっこをしていました。

そこに４歳児（年中）５名が「鬼ごっこに入れて」と、年長児のハナちゃんに声をかけてきました。ハナちゃんは、他の友達と話し合い、５名を入れて鬼ごっこをすることにしました。そうすると、４歳児が鬼になることが多くなり、なかには鬼になってふてくされる子もでてきました。それを見たハナちゃんは、仲間と話し合い、５歳児と４歳児それぞれ１名がペアになって手をつなぎながら鬼ごっこをするという新しいルールをつくり、みんなで鬼ごっこを楽しんでいました。

【演習課題】

❶ 人間関係において、５歳児と４歳児にどのような発達的特徴があるのか考えてみましょう。

❷ エリクソンの心理社会的理論（ライフサイクル理論）での幼児後期の発達課題について説明してみましょう。

❸ 異年齢児の交流において、保育者が注意しておかなければならない点を考えてみましょう。

事例２

バッタ、つかまえた！

８月のある日、園庭の草がたくさん生えているところで、ケイ君（３歳児）が何かをじーっと見て、手で何かを捕まえようとしていますが、うまく捕まえることができません。そこに年長児のカナタ君（５歳児）とユースケ君（５歳児）が来て、「バッタだね」とケイ君に声をかけました。ケイ君は「うん」と言い、「捕まえられない」と二人に言います。そうすると、カナタ君とユースケ君がバッタの捕まえ方を一生懸命教えています。それでもなかなか捕まえることができず、最後はカナタ君とユースケ君がバッタを捕まえ、ケイ君に渡し、つかみ方も教えていました。それからケイ君は、カナタ君とユースケ君みたいになりたいと年長児の二人を目標にして過ごす姿がみられます。

【演習課題】

❶ ケイ君は、カナタ君とユースケ君とのかかわりでどのような気持ちを味わったのでしょうか。

❷ このような場面で保育者は、どのようなことを大切にして、ケイ君、カナタ君とユースケ君にかかわり、どのような声かけをしますか。

❸ 思いやりの気持ちを育むには、どのようなかかわりが必要でしょうか。

第３節　自己調整力の発達――自己発揮と自己抑制

子どもは２歳頃から第一次反抗期が始まり、３歳頃になると自己を主張するようになりますが、幼児前期では自分の視点でしか物事を考えられないことが多いため、その主張が他者から受け入れてもらえないときには、泣いたり、怒ったり、落ち込んだりします。自己抑制とは、「自分の行動や感情を自ら統制し、調整する能力」のことで、４歳以降になると、他者の心にも目が向くようになり、自己主張と自己抑制の間での葛藤を繰り返しながら、自己を発揮していくことができるようになります。柏木の研究によると、自己主張は４歳半までは伸び続けますが、それ以降は横ばいとなり、一方で、自己抑制については３歳以降伸び続けるということが示されています 図4-6 [7)]。

自己抑制をどのように育んでいくのかについては、ごっこ遊びをしていくことで自己抑制の一部が促進され、空想的な遊びをすることで切り替え能力や更新能力が高くなるという研究結果があります[12)]。また、自己を発揮するということは、周りに自己主張をするということでもあります。周囲が子どもの自己主張を外から抑制し過ぎたり、禁止するようなかかわりをしてしまうと、真の意味での自己抑制ではなくなり、自己主張と自己抑制との間での葛藤を通して培われる自己調整力を身につけていく機会が失われてしまいます。自己主張をした際には、保育者をはじめ周囲の大人が気持ちを代弁し、大人や仲間から気持ちを認められ

図4-6　自己主張・実現と自己抑制の年齢的消長

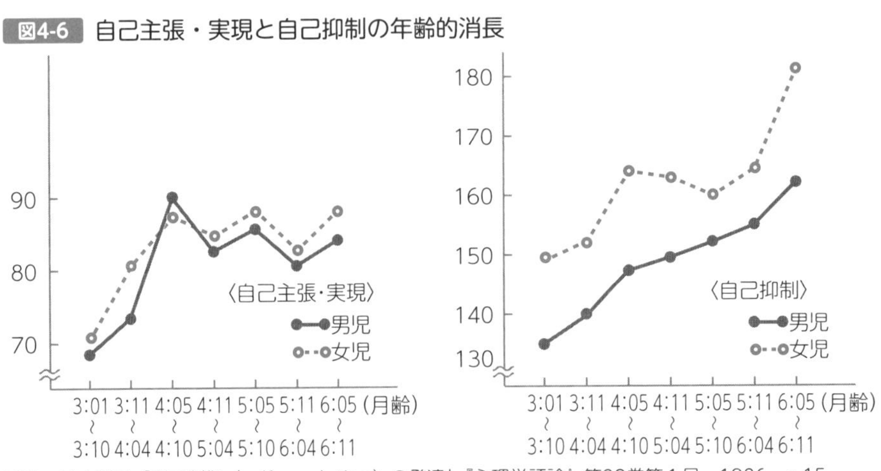

出典：柏木惠子「自己制御（self-regulation）の発達」『心理学評論』第29巻第１号、1986、p.15.

る体験が重要になります。他者との葛藤や受容される体験を通して、自己主張を適切な方法で主張し、そして、自分の行動や感情を我慢し他者を尊重していくという姿がみられるようになり、自分のなかで折り合いをつけ、切り替えていく、自己調整力を身につけていくことができます。

事例3

ゆずること

　５歳児クラスでの活動で「秋祭り」をすることになり、自分のお店で売る商品をつくることになりました。それぞれが紙粘土で食べ物やおもちゃなど、自分の好きなものをつくっています。そして、自分のつくった物を売るお店屋さんとお客さんのグループに分かれて秋祭りを始めました。

　秋祭りが始まって少し経ったときのことです。アクセサリー屋さんの前で、マドカちゃんとコノカちゃんがもめています。同じハートのついた指輪が欲しい様子で、マドカちゃんが「私がハートの指輪欲しいの」と言い、コノカちゃんは自分も欲しいと主張しますが、その後は黙ったままその場に立っています。保育者が「どうしたの」と声をかけると、コノカちゃんが「欲しいのが、いっしょ」と言い、保育者のほうを見ます。その横でマドカちゃんは、相変わらず自分が欲しいことを強く主張しています。すると、お店の店員をしていたユリちゃんが、「こっちの指輪もかわいいよ」とほかの指輪を二人に勧めています。コノカちゃんは少し考えて、「私はこっちの指輪でいいから、今度一緒になったら私ね」と言い、ハートの指輪をマドカちゃんに譲っていました。

　さて、事例のような場面において、保育者として皆さんはどのようなことを考え、どのようなかかわりをしていきますか。以下の課題について皆さんで考えてみましょう。

【演習課題】

❶ 保育者として、事例で出てきたマドカちゃんとコノカちゃんに対して、今後、保育・教育活動のなかで、どのような力を養っていくことが必要なのか、それは具体的にどのような指導・援助をしていくとよいのでしょうか。

考えるポイント

　自己調整力は、自分の行動や欲求を抑制・制止する自己抑制だけではなく、自分の欲求や考えなどを言葉で主張し、他者に伝えることも重要になります。子どもが他者の気持ちに気づき、理解しようとすること、どうすることがお互いにとってよりよくなるのかを考え話し合う経験、仲間と考え話し合うことでの充実感や成功体験を積み重ねていけるよう、援助をしていくことが大切になります。そして、日頃から自己肯定感や他者に対する信頼感を培っていく援助を意識しましょう。

【学習のまとめ】

● 次の３つの問いに答えてみましょう。

① ３歳以上児の発達段階における課題と発達的特徴、保育者がかかわる際のポイントを記してみよう。	
３歳以上児の発達段階における課題と発達的特徴	
保育者のかかわり方のポイント	
② 異年齢児との交流が求められている理由を記してみよう。	
理由	
③ 自己調整力を育んでいく際に保育者はどのようなことに留意し、具体的にどのような指導・援助を行っていくとよいのかを記してみよう。	
保育者の留意点と具体的な指導・援助方法	

引用文献

1）ジャン・ピアジェ、波多野完治・滝沢武久訳『知能の心理学』みすず書房、1998、pp.194-289.
2）波多野完治編『ピアジェの発達心理学』国土社、1965、p.85.
3）田中芳子「児童の位置関係の理解」『教育心理学研究』第16巻第２号、1968、p.33.
4）ウタ・フリス、冨田真紀・清水康夫訳『自閉症の謎を解き明かす』東京書籍、2002、p.271.
5）坂口哲司編『保育・家族・心理臨床・福祉・看護の人間関係 第３版』ナカニシヤ出版、2009、p.34.
6）津守真・磯部景子『乳幼児精神発達診断法――３才～７才まで』大日本図書、1965、p.177.
7）柏木惠子「自己制御（self-regulation）の発達」『心理学評論』第29巻第１号、1986、p.15.

参考文献

・今福理博『赤ちゃんの心はどのように育つのか――社会性とことばの発達を科学する』ミネルヴァ書房、2019.
・E. H. エリクソン、小此木啓吾訳編『自我同一性――アイデンティティとライフ・サイクル』誠信書房、1973.
・厚生労働省「2021（令和３）年国民生活基礎調査」
・総務省統計局「令和２年度国勢調査」
・平井美佳「人間関係」櫻井茂男・大内晶子編著『たのしく学べる乳幼児のこころと発達』福村出版、2021.

第5章

乳幼児の子どもの人とかかわる力を育む保育者のかかわり

本章のねらい

乳幼児期の子どもの人とかかわる力を育む保育者のかかわりについて学びます。子どもたちはまず保育者と関係を築き、安心できる環境下でさまざまな経験をしていきます。特定の大人との関係のなかで培ってきた人に対する基本的信頼感がベースとなり、徐々に友達とも関係を築いていきますが、子どもの発達段階に合わせて、保育者はさまざまな願いをもってかかわります。保育者の意図にも目を向け、保育者のかかわり方について学びます。

学習のポイント

- 乳児期の子どもの姿を理解し、保育者が大切にすべきことを学びます。また、子どもと保育者のやりとりが子どものどのような経験に結びついていくのかを学んでいきましょう。
- 1歳以上3歳未満の子どもの姿を理解し、保育者が大切にすべきことを学びます。また、子どもと保育者のやりとりが子どものどのような経験に結びついていくのかを事例を通して学んでいきましょう。
- 3歳以上児の子どもの姿を理解し、保育者が大切にすべきことを学びます。また、子どもたちの経験と保育者のかかわりにおける意図について、事例を通して学んでいきましょう。

学習の準備

事例1

暖かい日差しのなか、園庭の砂場で子どもたちが遊んでいます。アカネちゃんは型抜きに夢中で、カオリちゃんは砂山をつくっていました。砂山は大きくなっていき、二人の距離が徐々に近づいていきました。夢中で砂を掘っていたカオリちゃんがバランスを崩してしまい、アカネちゃんがきれいに型抜きをして並べてあった砂の塊を踏んでしまいました。二人は顔を見合わせて……

これを読んで、皆さんは何歳ぐらいの子どもの姿を思い浮かべましたか？
アカネちゃんとカオリちゃんの年齢や二人の関係性、二人の性格などを踏まえ、この場面を見ていた保育者の対応は異なってきます。
保育の場では、さまざまないざこざ、ぶつかり合いを子どもたちは経験し、また、ともに楽しい経験、ともにうれしい経験を積み重ねながら、人とかかわる力が育っていきます。
本章では、子どもたちの人とかかわる力の育ちを支える保育者のかかわりについて学んでいきますが、まずは、このような場面に遭遇したら、皆さんはどうしますか。具体的に考えてみてから、本章の学習をスタートさせましょう。

第1節 乳児期の子どもの姿と保育者のかかわり

1. 乳児期の子どもの姿

乳児期は、心身ともに著しいスピードで発育・発達がみられる時期です。人とのかかわりにおいては、顔の表情、手足の動き、泣き方・泣き声、喃語（なんご）などで他者に思いを伝えようとし、身近でしっかりその思いを受け止めてくれる人と情緒的な絆（きずな）が形成されます。母親に限らず、子どもの身近で子どもの思いを受け止めてくれる特定の人との関係が形成されるのが、この時期の姿になります。応答的なかかわりの心地よさを経験し、そこから人に対する基本的信頼感が育まれていきます。6か月を過ぎる頃には、身近な人の顔が明確にわかり、あやしてもらうと喜び、喜んでくれるとあやしたくなり……という双方向のやりとりを楽しむようになり、愛着関係が強くなります。特定の人をしっかり認識できることによって、それ以外の人に対しては不安を示し、それが人見知りといわれるものとして現れます。

2. 保育の場で大切にしていること

徐々に特定の人との関係が形成され、愛着関係を築いていく大切な時期なので、保育の場では担当制を用いていることが多く、特定の保育者が語りかけながら離乳食を食べさせたり、おむつを替えてあげたり、寝かしつけるなど、一対一でのかかわりを大切にしていきます。実習生が0歳児クラスに実習に入ると、人見知りをされて泣かれることがあります。実習生としては泣かれてしまって戸惑うこともあるでしょう。しかし、保育者と子どもの間にしっかり愛着関係が形成されているからこそ、“見たことのない人（突然やってきた実習生）”に対して、泣いて不安を訴えるのです。戸惑う必要はありません。人見知りをされた実習生が最初は戸惑いつつも、「私も〇〇先生のように、子どもと信頼関係が築ける保育者になりたい！」と前向きにとらえることも、実際に多くみられることです。信頼関係は一日で築けるものではないので、一つひとつのかかわりを大切に子どもと向き合っていくことが大切です。この時期の特定の人との間に芽生える愛情と信頼感は、人とのかかわりを広げていくベースとなります。

3. やがて保育者との関係から子どもが経験していくこと

特定の人との愛着関係が形成されることによって、人に対する基本的信頼感が培われていきます。「〇〇先生ならわかってくれる！」という安心感からの自信、「やってみようかなぁ、どうしようかなぁ」と一歩踏み出せないときに笑顔でうなずいて見守ってくれる存在がいることで挑戦できる勇気が、やがて、自己肯定感を育むことにつながっていきます。理解してくれる存在、見守ってくれる存在がいることで、安心して自分の気持ちを表現しようとする意欲が芽生え、言葉による表現、身体による表現も上手になっていきます。表現しようとする意欲、伝わった喜び、そこからさらに表現しようとする意欲、という循環のなかで人とかかわる力の基盤が形成されていきます。

「保育所保育指針」の「第２章　保育の内容」の「１　乳児保育に関わるねらい及び内容」「(2)　ねらい及び内容」「イ　身近な人と気持ちが通じ合う」に記されている３つのねらいを確認しましょう。

> 受容的・応答的な関わりの下で、何かを伝えようとする意欲や身近な大人との信頼関係を育て、人と関わる力の基盤を培う。
>
> (ア)　ねらい
>
> ① 安心できる関係の下で、身近な人と共に過ごす喜びを感じる。
> ② 体の動きや表情、発声等により、保育士等と気持ちを通わせようとする。
> ③ 身近な人と親しみ、関わりを深め、愛情や信頼感が芽生える。

ここに記されている身近な人は、主に保育者を指しますが、保育者との安定した関係の先に、身近にいる大人や友達とのかかわりが徐々に増えていくことになります。

第２節　１歳以上３歳未満の子どもの姿と保育者のかかわり

1. 乳児クラスの子どもの姿

１歳以上３歳未満の子どもたちは、保育園や認定こども園では主に１歳児クラス、２歳児クラスで生活をしています。０歳児クラスで身近な保育者との間で形成された愛着関係がベースとなり、子どもたちは徐々に周りの友達にも目を向け、かかわるようになっていき、子どもたちの世界が広がっていきます。１歳児クラス・２歳児クラスに入園してくる子どもたちも、一人ひとりがそれまでに特定の大人との関係のなかで培ってきた人に対する基本的信頼感がベースとなり、園でも保育者と新たに関係を築き、徐々に周りの友達にも目を向け、子どもたちの関係が形成されていくのが、この時期の子どもたちの姿となります。

保育の場が子どもにとって安心できる場であることで、生活や遊びに対して興味・関心を示し、身近にいる同年代の子どもたちに興味を示し、自らかかわりをもとうとするようになっていきます。安心できる場でないと、ゆっくり周りを見渡し、意欲的に周りにかかわってみようとする気持ちは芽生えないでしょう。保育者が安心できる存在としてその場にいることは、この時期の子どもたちの行動にとって大きな意味をもちます。

2. 保育の場で大切にしていること

子どもたちの目線が高くなり、行動範囲も広くなり、モノへの興味、人への興味がぐんと広がっていきます。しかし、それは、一人の子どもに限らず、子どもたちの興味・関心が広がっていくことを意味し、興味・関心の先にあるモノ・人がバッティングし、いざこざや葛藤を経験することにもなっていきます。

モノが単体で置いてあっても興味はもたないけれど、友達が遊んでいるモノが魅力的に見えて自分も遊びたくなる、といった場面もたくさんあるでしょう。「貸して」「いいよ」や、「貸して」「ちょっと待っててね」といったやりとりはまだ成立しにくいため、一人ひとりの子どもの気持ちを代弁してあげながら、“自分の気持ちをわかってくれる○○先生”がいること、大好きな○○先生が他児の気持ちを伝えてくれることによって“気づくこと”が増えること、これらが子ども同士のやりとりの初期にはとても大きな意味をもちます。自分が使っているモノに誰かの手が伸びてきたとき、「意地悪で取ろうとしているんじゃないんだ」と保育者の仲介で気づくこと、「○○ちゃんも使いたいんだなぁ。でも、今は渡せない！」という気持ちを受け止めてもらうことで、「これは絶対渡せないけど、こっちなら使ってもいいよ」と渡せること、自分自身も渡してもらってうれしい経験をし、逆の立場になったときに友達に渡してあげられるようになること、そのことを保育者がとてもうれしそうに見ていたこと、そして、一緒に同じもので遊ぶと何だか楽しいねと感じることなど、子どもたちは保育者の援助のもと、他児とかかわりをもつようになり、そのかかわりのなかでのうれしさ、心地よさを感じるようになります。

保育者の温かな眼差しのもと、安心して過ごしながら自分の気持ちと他者の気持ちに気づき、伝え合う術を体得し、一人で遊ぶことの楽しさのみならず、一緒に遊ぶ楽しさを経験していく時期になります。

3. 事例から子どもたちの経験と保育者のかかわりを考える

冒頭の 事例1 が、２歳児クラスの子どもたちだったと想定してみましょう。あなたは、アカネちゃん、カオリちゃんに対してどのようにかかわりますか？

アカネちゃんは、大切につくったものを突然踏み壊されて怒っているかもしれません。驚いているかもしれません。アカネちゃんの悲しい気持ちや戸惑う気持ちを受け止めてあげつつ、カオリちゃんがわざと踏みつけたわけではないことを伝えてあげることで、アカネちゃんとカオリちゃん双方が相手に対して嫌な思いを抱かずに済むでしょう。カオリちゃんに対しても同様です。カオリちゃん自身、突然バランスを崩し、驚いていたり、アカネちゃんのものを踏んでしまったことに戸惑っているかもしれません。まずは、バランスを崩してしまったカオリちゃん自身が大丈夫なのかとカオリちゃんが安心できる声をかけて、わざと踏んだわけではないけれど、アカネちゃんの大切なものが壊れてしまったことを伝え、「ごめんね」と言えるよう援助することで、子どもたちは相手の気持ちや状況にも目を向けることができるようになっていくでしょう。保育者の仲立ちがあることで、もしかして、カオリちゃんがアカネちゃんに新しく型抜きをつくってあげることになり、二人で型抜きをして遊ぶようになるかもしれません。アカネちゃん自身、夢中で型抜きをしていたために気づかなかった、身近にある大きな砂山に気づき、興味をもち、二人でつくり始めることになるかもしれません。この時期は、まだ上手に状況を説明したり、気持ちを伝えたり、子ども同士でトラ

ブルを回避することは難しいこともたくさんあります。そのため、保育者が適切に言葉にしてあげることで、子どもたちは相手の状況が見え、友達の気持ちを理解でき、不快な気持ちが大きくならずに、楽しい気持ちを共有することができるきっかけにもなります。

「保育所保育指針」の「第２章　保育の内容」の「２　１歳以上３歳未満児の保育に関わるねらい及び内容」「⑵　ねらい及び内容」「イ　人間関係」に記されている３つのねらいを確認しましょう。

> 他の人々と親しみ、支え合って生活するために、自立心を育て、人と関わる力を養う。
>
> ㋐　ねらい
>
> ① 保育所での生活を楽しみ、身近な人と関わる心地よさを感じる。
>
> ② 周囲の子ども等への興味や関心が高まり、関わりをもとうとする。
>
> ③ 保育所の生活の仕方に慣れ、きまりの大切さに気付く。

この時期は、身近な人とかかわる心地よさを経験できるように援助すること、周囲の子ども等に興味・関心を示し、かかわりをもとうとする気持ちを大切にしながら保育者が橋渡しをしていくこと、きまりを守ることでともに心地よく生活できることに気づかせてあげることが、保育者の役割として大きいといえるでしょう。「関わりをもつ」ではなく「関わりをもとうとする」と書かれている意味、「きまりの大切さを学ぶ（知る）」ではなく「きまりの大切さに気付く」と書かれている意味をしっかり認識し、保育者が子どものその気持ちに丁寧にかかわっていくことが、人とかかわる力を育むことにつながっていきます。

第３節　３歳以上児の子どもの姿と保育者のかかわり

1. 幼児クラスの子どもの姿／保育の場で大切にしていること

保育園や認定こども園で生活している子どもたちは、集団生活にも慣れて、友達とともに過ごすなかで、たくさんのことを経験して幼児クラスになっていることでしょう。自我が育ち、自己主張をするなかで友達とぶつかることもありますが、一緒に遊ぶ楽しさもたくさん経験してきているので、自分の気持ちに折り合いをつけ、共通の目的に向けて話し合ったり譲り合ったりする経験もし、葛藤の先にある達成感や充実感も味わうことになります。徐々に、保育者の力を借りずに、子ども同士で問題を解決したり、お互いに役割を分担して何かをつくり上げていったりするなかで、自信や自己肯定感を育みますが、子どもたちの姿を見守りながら、必要に応じて適切な援助をする保育者の役割がベースにあることに変わりはありません。

また、幼稚園は３歳以上児が集団生活をする場ですので、まずは入園後に保育者と信頼関係を築き、それを基盤としながら園生活のなかでさまざまな経験をし、充実感や満足感を味わうようになっていきます。幼稚園生活において多くの友達や保育者と出会い、子どもの世界が形成されていくことになります。前述したように、自信や自己肯定感を子ども自身が育んでいきますが、見守り、援助する保育者の存在意義をしっかり意識しておきましょう。

子どもたちの世界が形成され、子どもたちが自立していく時期だからこそ、子ども同士で話し合って決めていく機会も増えます。そのためには社会生活における望ましい習慣や態度を身につけることが必要であり、“教える”ことで身につくのではなく、子どもたちがともに生活をしていくうえで必要な習慣や態度を体得していくのです。その結果、人とかかわる力が養われていくのだといえるでしょう。

2. 事例から子どもたちの経験と保育者のかかわりを考える

事例を通して考えてみましょう。

事例２

“自分たちで解決する”という経験を支える　　**５歳児クラス　７月**

午前中、外で遊んでいた子どもたちですが、５歳児クラスは保育室で集まる時間になりました。クラスではお泊り保育の話し合いをすることになっています。しかし、サトシ君とダイスケ君は言い争いをしていて、なかなか気持ちの折り合いがつきません。ナホ先生は二人の様子を見ながら、先に保育室に入ることを告げました。そして、保育室にいたマイ先生に二人の状況を伝えました。ナホ先生とマイ先生は、心配そうに二人の様子を気にしつつ戻ってきた子どもたちに、マイ先生は先に話し合いを進めてよいか、確認をしに行きました。

その後、二人は二人っきりで、ときには沈黙になり、ときにはボソボソと自分の思いを伝えたりしつつ、50分ほどが経ちました。話し合いが終わったけれど、二人で保育室に入ってくることは少し気まずかったようで、ナホ先生が「どう？　話し合いは終わった？」と声をかけたところ、二人ともすっきりした顔で「終わったよ！」と言って保育室に入ってきました。二人の表情を見たほかの子どもたちも、二人が納得できたのを察したのでしょう。笑顔で「お帰り」と言って迎えました。

保育の場は、集団の場でもあります。しかし、“集団での経験”よりも、優先すべき事項があるときは、当然、そちらが優先されます。この事例の場面がそうだといえるでしょう。年長児であること、二人の性格をよく知っているからこそ、二人の気持ちがすっきりしないままクラスの話し合いに参加するのではなく、まずは二人がしっかり話し合いをして問題を解決することが今は大切であると、保育者は判断をしたのだと思います。実際、保育者は思ったよりも二人での話し合いが長引いていると思っていたそうで、時折、二人の様子を離れたところから見てはいましたが、決して口をはさむことはしませんでした。“この二人なら、自分たちで解決できるはず”という見通しがなければできる対応ではありません。この場を設けてもらったことで、二人は、自分たちで問題を解決できた、という自信と充実感を味わったことでしょう。また、クラスのほかの子どもたちにとっても、保育者たちが、二人を大切にしていること、クラスの一人ひとりを大切にしていることがしっかり伝わり、子どもたちも、自分たちがやるべきことをしながら二人を待ち、二人の帰りを喜び合えたのだと思います。

事例３

子どもたちの経験の継承を支える　　**４月のある幼稚園の風景**

３年保育の星空幼稚園では、毎年、４月の入園式後の２週間は、年長児がペアの年少児の子どものお世話をします。登園した年少児の手をつないで保育室に一緒に行き、登園バッグを置いて、連絡帳を所定のところに出して、園庭まで一緒に行きます。もちろん、泣きながら登園している年少児もいるので、保育者が一緒に対応をすることもありますが、年長児も“おにいさん、おねえさん”になったうれしさを実感し、積極的にお世話をしてくれます。園の文化として長年続いている４月の子どもたちの姿です。

この星空幼稚園での子どもたちの姿は、継承されている園文化だといえるでしょう。自分自身が入園当初、不安だったとき、手を引いてくれたおにいさん・おねえさんの存在が子どもたちのなかにしっかり根づいていて、自分が年長になったとき、優しくしてくれたおにいさん・おねえさんのように、不安そうな新入園児に優しくしてあげられるのです。それは、おにいさん・おねえさんのようでもあり、保育者のようでもあり、自分自身が不安だったときに優しくしてもらったことを子どもも自然に他児にやってあげられるようになるのです。年長としての自覚が芽生えるとともに、小さい子どもの気持ちを察し、寄り添う経験は年長児にとっての人とかかわる力を養う経験となります。また、年少児にとっても、きょうだいが少なくなってきている昨今、年齢の近いおにいさん・おねえさんに優しく手を引いてもらう経験は、入園当初の不安な時期に、園のなかで安心感を得られる貴重な経験となり、人とかかわるうれしい経験となっていくでしょう。この経験は、子どもたちの育ちにおいて、年齢を越えてこのような経験をしてほしいと願い、計画を立てた保護者・保育者たちがいたからこそ園文化として根づいたものだといえます。

最後に、冒頭の**事例1**が５歳児クラスの子どもたちだったと想定してみましょう。あなたは、アカネちゃん、カオリちゃんに対してどのようにかかわりますか？　先ほどの２歳児をイメージしたときとはかかわり方の選択肢が異なってくることを実感できることでしょう。

もちろん、５歳児のアカネちゃんにとっても、踏みつけられた塊がきれいにつくっていた大切な物であることに変わりはありませんが、２歳児への対応とは異なり、子どもたち自身がこの状況にどのようにアプローチするのかを見守ることも大切になってきます。子どもたちは自分たちで解決する力を身につけているはずであり、保育者が仲裁に入っていく必要はないはずなのです。しかし、年齢だけでそのように判断することが適切であるとはいえません。二人の性格や、アカネちゃんとカオリちゃんの関係性などを踏まえ、状況を判断していくこともあるでしょう。

保育者の、一人ひとりの子どもを理解したうえでの判断が必要なのです。

アカネちゃんが咄嗟（とっさ）に手を出したとしても、その状況をアカネちゃんとカオリちゃんなら子ども同士で解決できるだろうという見通しがあり、子どもたちに解決してほしいという願いをもっている場合、保育者は待ち、状況を見守っていくはずです。子どもたちが他者とかかわり始める初期に大切にすべき援助と、子どもたちが他者とたくさんかかわりをもち、人とかかわる力を体得している時期の援助が同じはずはありません。

乳幼児の人とかかわる力は、まずは保育者との愛着関係・信頼関係を形成し、それがベースとなり、徐々に、周りの大人・子どもに興味・関心をもつようになり、子ども同士のさまざまな経験を経て、育っていくものです。しかし、保育の場には子どもたちとともに生活をしている保育者が必ず存在しています。保育者は子どもたちの育ちに対して願いをもって、ときには介入し、ときには見守り、ときにはあえて見て見ぬふりをすることもあるでしょう。いずれにせよ、保育者は状況を見て判断し、子どもたちの経験を見守って、子どもの人とかかわる力を育むかかわりをしているといえます。

「保育所保育指針」の「第２章　保育の内容」の「３　３歳以上児の保育に関わるねらい及び内容」「(2)　ねらい及び内容」「イ　人間関係」に記されている３

つのねらいを最後に確認しましょう。

> 他の人々と親しみ、支え合って生活するために、自立心を育て、人と関わる力を養う。
>
> (ア) ねらい
>
> ① 保育所の生活を楽しみ、自分の力で行動することの充実感を味わう。
>
> ② 身近な人と親しみ、関わりを深め、工夫したり、協力したりして一緒に活動する楽しさを味わい、愛情や信頼感をもつ。
>
> ③ 社会生活における望ましい習慣や態度を身に付ける。

（幼稚園教育要領には、「保育所の生活」の部分が「幼稚園生活」と記されていますが、全く同じ内容が記されていることを付記します。）

保育者に見守られながら、自分の力で行動することの充実感を味わい、また、他者と一緒に活動する楽しさを味わい、愛情や信頼感をもち、社会生活における望ましい習慣や態度を身につけるのが、幼児のねらいとして記されています。ここに記されているねらいは、他者とともに生活をすることで達成できるものだといえるでしょう。

【学習のまとめ】

- 「幼稚園教育要領解説」の「第１章　総説」「第１節　幼稚園教育の基本」「５　教師の役割」という項目があり、①幼児の主体的な活動と教師の役割、②集団生活と教師の役割、③教師間の協力体制の３つについて書かれています。この章で学んだことと結びつけながら、書かれている内容をしっかり確認してまとめておきましょう。

参考文献

・厚生労働省編『保育所保育指針解説 平成30年３月』フレーベル館、2018.

・文部科学省『幼稚園教育要領解説 平成30年３月』フレーベル館、2018.

第6章

自立心を育む

本章のねらい

子どもにとって自立心が育つことは、「自分でできる」ことを確実なものにしていくだけでなく、生涯を通して人と助け合って生きていくための基盤となります。園の生活で、自分なりに考え行動できるようになるためには、大人の指示に従うばかりでは成し遂げられません。自分の身支度をはじめとする必要な行動をとれるようになるのも、周りの大人による励ましが大切です。そして、いろいろな遊びを楽しみながら物事をやり遂げることは、園での豊かな生活と遊びを発展させ、自立心を育てることになるのです。これらのことを学んでいきましょう。

学習のポイント

- 1、2歳児の「イヤ！」「自分でやる」と言う自己主張は、自立心を育てる準備となっていることを知り、自立にかかわる３つの基本事項「自分で考え、自分で行動する」「自分でできることは自分でする」「いろいろな遊びを楽しみながら物事をやり遂げようとする気持ちをもつ」とは何かを理解しましょう。
- 実習生による事例と演習課題に取り組み、実習生の立場に立ったときに見えてくる３つの基本事項の理解を深めましょう。
- 皆さんが答えた演習課題の回答とともに第３節を読み、自立心を育てる保育とはどのようなことなのか、援助の方法のイメージを作りましょう。

学習の準備

自立といえば、どのような事柄を思い浮かべますか？
現在の自分の自立と、幼児の自立それぞれに、どうなることが自立なのか考えてみましょう。
幼児の自立は、自分自身の幼児期や、弟妹、親戚の様子を思い出したり、これまでの学習や実習経験から思いつくものをあげてみましょう。

第1節 自己主張を基盤とする自立心と自立にかかわる基本事項

自立とは、周りの人の力を借りたり支配されたりせずに、自分で考え行動しようとすることです。しかし、人は生まれてから多くの助けを得ながら、生活をしてきました。子ども自身もさまざまな援助を受け入れるからこそ、愛着関係を始めとする重要な他者との絆が育ち、それを土台として自ら世界を広げていくのです。

子どもも1、2歳になると、何にでも「イヤ！」と言ったり、「自分でやる」と主張し始めたりします。それまで周りにいる大人たちに導かれるまま行動していたのが、その大人の言うとおりに従うことを拒んだり、激しい自己主張をしたりすることで、自分の存在をしっかりと意識する発達段階に移っていくのです。

それまで母親（保護者）や保育者に、靴を履かせてもらったり、服を着替えさせてもらったりしてきましたが、子どもにとって難しいことでも、自分でしたい気持ちが増していくのです。やりたくてもできないとき、気分が荒立ち怒る子どもや泣いてしまう子どももいて、大人も対応に困る場面があります。しかし、この気持ちの芽生えが、将来人として生きる力となる自立心の始まりになるのです。

このような1、2歳の時期を超えると、幼児は自分の行動範囲を広げ、さまざまなことに挑戦をしていきます。この章で取り扱う領域「人間関係」の「自立」にかかわる基本的な事柄は、幼稚園教育要領と保育所保育指針の「内容」に、「自分で考え、自分で行動する」「自分でできることは自分でする」「いろいろな遊びを楽しみながら物事をやり遂げようとする気持ちをもつ」の3点が示されています。それぞれについて、その意味や対応の仕方を考えてみましょう。

1. 自分で考え、自分で行動する

子どもが園での生活で、自分なりに考えて自らの意思で行動する姿勢を育てていくことは大切です。自分の生活をこれからつくっていくうえで、このような生きる力を養うことは、子どもの成長にとって欠かすことができないでしょう。

例えば、朝の自由遊びの時間で、楽しそうに遊んでいる子どもがいました。しばらくして、朝の集まりの会のために保育室に入る時間が迫り、まだ外で遊びたい気持ちがあることとの間で、葛藤がありました。そこで強制的に保育室に入らせるとどうなるでしょうか。その子どもは、自分がどう行動すべきか、子ども自身が考える間もなく答えを伝えられることにより、考えることをあきらめ、自分の気持ちの揺らぎに気づけず、正解をもっている大人の意見に合わせざるを得ない状況になってしまいます。つまり、考えるという途中の過程をすべて抜かして、他者の決めた正解に合わせてしまうのです。

また、自分の気持ちだけ考えて嫌なものは嫌と言い張る状況では、自分で考える行為とはいえません。自分の思いだけを大切にし、社会性を育てることにつながらなくなるのです。

そこで、保育者として大切にしたいのは、子どもの思いや行動をそのまま認めることです。子どもにとって、自分のことを認めてもらう体験は欠かせません。そして、子どもの心の動きに寄り添いながら、相手に伝わる言葉で保育者の問いかけや思いを伝え、対話をしていくのです。保育者や仲間と一緒に過ごす体験は、子どもが自分で考え行動する力を育んでくれるのです。

このように保育者からのサポートを受けながら、子どもが園生活のなかで、自分を主張して受け入れられ、拒否や葛藤する体験を通して、自分と相手を理解していくのです。自分とは異なるイメージをもつ相手の存在にも気づき、そのよさもわかるようになるなどの集団生活を営む力を育てていきます。

2. 自分でできることは自分でする

子どもが生活していくうえで必要な自分の身の回りのことを、自分の力でやろうとする意欲を育てることも自立の柱となります。自分でスプーンや箸を使って食べようとすること、手を自ら洗おうとすることなど、日常生活で衣食住のさまざまな場面で、子どもたちは挑戦する姿を見せてくれます。

そこには、自分でやりたいと思う意欲と、やってみたらできたと満足感を得て自分に対するよい思い（自己肯定感）を育てる体験になるのです。

そのためには、幼児の発達に合った周囲の大人の受容と励ましが大切で、そのような援助によって幼児のやりたいと思う気持ちが満足感へとつながっていきます。

幼児は、自分の発達段階より難しいこともやりたくなり、頑固に押し通す様子がみられることがあります。そのこだわりとも思えるような行動も、自我の芽生えとして自力で頑張ろうとする意欲の表れなのです。そのようななか、自分の思うようにできないことも起こり、保護者や保育者に助けを求めていくこともあるでしょう。

自立する力と依存する力は相反するものではなく、周りの大人が心の拠り所になれるような援助を受けて、できたりできなかったりを行ったり来たりしながら、時間をかけて自立に向かっていきます。

ここで気をつけなければならないのは、先へ先へと大人が型にはめて身の回りのことがいち早くできるよう、急がせてしまうことです。そのような対応をしてしまうと、幼児がやってみたいと意思をもつ前に、大人の言葉に従ったり期待に応えようと行動したりし、子どもの成長に必要な自立が妨げられてしまうのです。

3. いろいろな遊びを楽しみながら物事をやり遂げようとする気持ちをもつ

園生活では、幼児たちの興味・関心をもとに、さまざまな環境のなかで魅力ある遊びを生み出しています。遊びを広げ発展し、また幼児たちが集中して遊びを深めることで、楽しみややり遂げる喜びを感じることができます。

気分がよくないときや集中力がないとき、友達とケンカをした後などには、時に遊び込むことが難しいこともありますが、保育者の温かい見守りや援助により、興味をもつ遊びに集中し、あきらめずにやり遂げることができるのです。このような経験を幼児も積んでいくことで、やり遂げる力と粘り強くやろうとする気持ちを育て、見通しをもって自分で解決しようとする姿勢が育ち、自立心や責任感をもてるようになるのです。

保育者はやり遂げたい気持ちを支え、遊びの楽しみを味わいながら、自分なりの満足感と達成感をもてるよう援助することが大切となります。その時々の場面で、幼児が何を感じているのかを受け止め、一緒に喜ぶ共感性をもったかかわりが必要です。

大人の目線からはやり遂げていないように思えても、その幼児にとってはできたと思えることもあり、理解を示すことも重要となるでしょう。

また、友達と一緒に楽しく遊ぶ経験を積むことで、誰かと一緒にやり遂げたいという気持ちも芽生えていきます。幼児同士の人間関係では、自分の思いを相手に伝え、相手の気持ちを知ろうとする練習をしています。それを温かく見守り、必要なときには、幼児たちの思いの代弁や調整をして、ともに楽しむことを知ることができると、一人ではできないことも仲間となら達成できると思える力を育てることになります。

第２節　自立心を育てる事例と演習課題

本節では各基本項目について、実習生が園で体験してきた事例を紹介します。１つの事例を時系列に沿っていくつかに分けた事例もあるので、それぞれの場面まで読み進めながら課題に取り組みましょう。

1. 自分で考え、自分で行動する

事例1-1

実習生が取り残される！

今回の実習で私は、５歳児クラスに入りました。クラスの子どもたちが登園して支度を終えると、自由遊びが始まります。部屋で遊ぶ子ども、戸外に出て遊ぶ子どもの２つに分かれます。

私は、登園してくる子どもたちの検温、アルコール消毒を行っていて、ある程度の子どもたちが登園したので、クラスの子どもたちと遊び始めました。初日ということもあり、子どもたちの遊びのなかに入ることができず、唯一、虫探しをしている男の子に話しかけ、一緒に虫探しをして遊んでいました。

ですが、ふとまわりを見ると、私を含め５人ほどしかおらず、そのなかの３人は部屋に戻ろうと階段を登っていました。私は、保育者が部屋に戻る時間を知らせてくれるものだと思っていたので、取り残された私と男の子は急いで部屋に戻ったのです。

【演習課題】

❶ あなたがこの実習生で、事例と同じ状況のなか園庭に取り残されたとしたら、どのように感じると思いますか？

事例1-2

事前に伝えられていた時刻

　部屋に戻りながらも、園庭で保育者の声かけがあったのかな、聞きそびれてしまったのかなと思っていました。しかし、そうではなかったのです。保育者は、戸外遊びをする子どもに対して「長い針が9になったら、部屋に戻ってきてください」と事前（登園してからの支度後）に知らせていたのです。その知らせを子どもたちは理解し、それぞれが時計を見て自ら行動していたのでした。

【演習課題】

❶ 登園時に保育者から「長い針が9になったら、部屋に戻ってきてください」と伝えられていたことがわかりました。それを知って実習生であるあなたは、子どもたちの行動をどのように思いますか？

❷ この子どもたちが保育者のその場の指示ではなく、事前の伝達によって行動できたのは、普段からどのような保育がされていると思いますか？　自由に想像してみましょう。

2. 自分でできることは自分でする

事例2-1

なかなか着替えを始められない！

４歳児クラスに所属するしょうへい君は、話を聞く時間に友達に話しかけたり、ちょっかいを出したり、片づけをなかなか始めなかったり、自分の楽しいことに忠実に行動する印象がある。

４歳児になったということで、着替えをする時間だと言われたら、みんなスムーズに着替えに移行する。そのなかで、しょうへい君はなかなか着替えを始めずフラフラしているので、私は「どうしたの？」と声をかけた。何かほかに楽しいことがあるからでもなく、ただ着替えをしたくないように見えたため、「どうしてお着替えしないのかな」と目線を合わせて問いかけてみた。すると、しょうへい君は「大変だから」と答えた。私は何て言葉を返そうかと悩んでしまい、「そうか、着替えが大変なんだね」などと言って、その場をつないで、しょうへい君の気持ちについて考えていた。

【演習課題】

❶ ここまでの場面を読んで、あなたはしょうへい君にどのような言葉をかけたり、どのような姿勢で対応したりしたいですか？

事例2-2

ずっとそばにいるしょうへい君

ふと、私が考え込んでいる間も、しょうへい君は離れたりはせず、ずっと私の言葉を待っている様子に気がついた。それは、私が言いたいことがあるのを察して待っていてくれるのか、自分のするべき行動に踏ん切りをつけるきっかけのために、私の言葉を待っているのかはわからなかったが、私とコミュニケーションをとろうとしているように感じられ、少ししょうへい君のことがわかったような気持ちになれた。すると、あんなに何を言おうか悩んでいたのにすんなり「大変だから、じゃあ、先生（私）も手伝うよ」という言葉が出てきた。

【演習課題】

❶ 実習生は、しょうへい君が実習生の次の行動を待っていることを感じ取り、

「大変だから、じゃあ、先生（私）も手伝うよ」と伝えました。このように言われたしょうへい君は、どのような気持ちになったと思いますか？

事例2-3

「大変」って何だったの?!

そのあと、しょうへい君は自然に自分から着替えをし始めました。私は、しょうへい君が困ったそぶりをしたら手伝おうと見守っていたのに、ちゃちゃっと自分で着替えを完了してしまい、「大変」という言葉は何だったのかと思った。「すごい！　先生何も手伝ってないよ。大変なことも自分で全部できたね」とほめると、ちょっと照れたようにはにかんでいたのが印象的だった。

【演習課題】

❶ 4歳の子どもの着替えは「自分でできること」のはずですが、「大変」と言っていました。事例の最後まで読んでみて、しょうへい君の「大変」という言葉の意味は何だったと思いますか？　そして「ちゃちゃっと自分で着替えを完了」できたのは、なぜでしょうか？

3. いろいろな遊びを楽しみながら物事をやり遂げようとする気持ちをもつ

事例3-1

回転寿司屋～はじまりハジマリ～

ある日の、4歳児クラスの自由活動の時間。いつものように、ブロック・おままごと・製作コーナーに分かれて、各々が好きな遊びをしていました。そのとき、一人の男の子が「昨日お寿司食べたんだよ！」と発言。それを聞いた周囲の友達が「いいな～」「僕（私）も食べたい！」と応えている姿がありました。担任の先生はその会話を聞き、子どもたちに「お寿司屋さんをつくってみる？」と問いかけました。

そこから、廃材を活用し、回る円卓・コップ・お皿・暖簾（のれん）・店員の帽子・お寿司を手づくりしておままごとコーナーに置き、クラス名である“○○寿司”と名付け、お寿司屋さんごっこに発展。

最初に「お寿司を食べたこと」を発言した男の子は、一番大好きな電車＝SL電車をブロックでつくり、たまたま食べに行った回転寿司屋で電車の形をした皿に乗ったお寿司を目撃し、再現することに。

ただ、ここにもこだわりが‼　再現をするだけではなく、まさかのSL電車に給油をして出発しないと開店しないという決まりになりました。友達は、「まだかな～？」と言うと、急いで給油して開店。そのとき、担任の先生がハンドベルを持ってきました。男の子や周囲の友達は、ハンドベルを受け取ったときに鳴った音色に興味津々。そこでひらめいた子どもが、お客さんを呼び込むときに使ったらいいのではないか？　と考え、「チャリンチャリン♪」と鳴らして「いらっしゃいませ～‼　お寿司いかがですか～？」と実際に呼び込んでみました。すると、隣のクラスの子どもが数人、「何をしてるんだろう？」と覗きに来て、遊びが広がっていました。

そこに、お寿司屋さんで遊んでいた女の子６人から「コップに絵を描こう」と言われ、一緒に描くことになりました。私がひまわりと桜を描くと、子どもたちもどうやら可愛らしい絵を思い思いに描いていました。描き終わると、「私ね、先生のこと大好きだから、同じひまわりを描いたよ！」「私も！」「先生とお揃いだね！」と伝えてくれました。私が「うれしいな。先生も皆のこと大好きだよ」と返事をすると、エへへと満面の笑顔で反応して、同じ場所にコップを置きに行っていました。

【演習課題】

❶ 一人の子どもの「昨日お寿司食べたんだよ！」の発言と、周りの子どもたちの会話からお寿司屋さんごっこに展開したのは、保育者のどのような姿勢があったからだと想像しますか？

❷ このごっこ遊びには、さまざまな道具がつくられ遊びが発展しました。保育者として、日常からどのような準備をしておくことが大切だと思いますか？

❸ このように、子どもたちが楽しみながら物事をやり遂げるのに重要だと思うことを自由にあげ、皆さんで話し合いましょう。

第3節　自立心を育む援助

これまでの課題を答えたうえで、本章の「自立心を育む」援助について、考えていきましょう。

1. 自分で考え、自分で行動する

自分なりに考え、自らの意思で行動するには、何を育てていくとよいでしょうか。

事例1 では、5歳児クラスの「自分で考え、自分で行動」している様子を読んでもらいました。子どもたちが自主的に時計の針を見て保育室に戻る様子に、この実習生は、むしろ置いてきぼりになった気持ちだったのではないでしょうか。実習初日でそのような場面に出会っていたら、教室に戻る時間を聞かされていなかったと、焦りや戸惑いを感じる人もいるかもしれません。一方、自分で考えて行動する子どもたちの自主性に、感銘を受ける人もいるでしょう。事前の時間の知らせにより、外遊びはどのくらいの時間遊べるかを理解して行動し、次の動きに移れる子どもに育っていきます。

そこでは、日頃から子どもの気持ちを認めたうえで、保育者のこうあってほしいという思いも対話を通して行い、信頼関係が築かれているのではないでしょうか。この場面は5歳児クラスですが、そこに至るまでの保育で子どもの発達に沿ったはたらきかけが脈々と続いて、「自分で考え、自分で行動する」5歳児への成長を遂げるのです。

2. 自分でできることは自分でする

事例2 では、着替えがおっくうになってしまう4歳児と実習生のやりとりを見ていきました。この実習生は、できるはずの着替えをしない子どもの目の前で、何を言ったらよいか戸惑っていました。そこでは、「大変」と言う4歳児の表現に付き合おうとする実習生の姿勢をこの子どもなりに感じとり、じっとそのまま離れずにいました。子どものその雰囲気も理解した実習生は、相手の気持ちを受け止め、子どもの安心できる大人に助けを求めた「大変」という心情を共感したのです。

その内容は、「着替える気分ではない」「疲れちゃった」「今やっていることで遊びたい」「誰かに甘えたい」「着替えを手伝ってほしい」などさまざま考えられます。いずれにせよ、子どもの言う「大変」には、その子どもの言いたいことが詰まっています。そのままの表現を受け入れたときに、安心感が生まれ自分でやろうと思えたのではないでしょうか。そして着替えられた自分を誇らしく思い、自己肯定感が少しずつ育っていきます。

3. いろいろな遊びを楽しみながら物事をやり遂げようとする気持ちをもつ

最後の事例では、回転寿司屋ごっこという、空間の広がりとさまざまな小道具が出てくる場面を取り上げました。実習生は、保育者のタイミングよく声をかけ材料や道具を持ってきてくれる様子を見て、子どもたちの発言や会話に耳を傾ける状況を目の当たりにしました。子どもたちのやりたいことをすぐに察知する保育者の存在や、イメージを共有して一緒に楽しむ友達（人的環境）、つくりたい気持ちを叶える廃材などの素材（物的環境）、このごっこ遊びができる広さの確保（空間的環境）がこの場面では揃い、子どもの「こうしたい」という気持ちが次々に遊びになり、集中して遊びを深めることで、楽しみややり遂げる喜びへとつながっていきました。

以上の「自分で考え、自分で行動する」「自分でできることは自分でする」「いろいろな遊びを楽しみながら物事をやり遂げようとする気持ちをもつ」という３つの基本事項が、子どもの自立心を育むことに大切なものであると学んできました。

【学習のまとめ】

- 自立心を育むための３つの基本事項をあげて、簡単な説明を加えてください。
- これら３つの基本事項で、保育者が心がけたい共通する対応は何ですか。
- 自立心を育むことをねらいにして、あなたが行いたい保育場面を３つの基本事項のなかから選び、どのようなことをしてみたいか具体的な内容を書いてみましょう。

参考文献

・文部科学省『幼稚園教育要領解説 平成30年３月』フレーベル館、2018.

第7章

道徳性・規範意識の芽生え

本章のねらい

本章では、道徳性および規範意識が幼児個々においてどのように芽生え、形成されていくのかについて学習していきます。道徳性は基本的な生活習慣を行っていくなかで、幼児がほかの幼児とかかわるなかで他人の存在に気づき、相手を思いやる気持ちをもって行動します。また自然や身近な動植物にも関心をもつようになり、豊かな心情が育まれていきます。幼児は「きまり」や「ルール」について、に普段の日常生活や遊びを通じて、また他者の援助を受けながら葛藤、つまづきなどの体験を乗り込えどのように育っていくのか、皆さんと考えていきます。

学習のポイント

- 幼児の人間関係を通じて、道徳性がどのように芽生え、発達していくのかについて学びましょう。
- 幼児個々の価値観が人間関係においてどのように培われていくのか、またそのなかで規範意識に気づくようになるのかについて学びましょう。
- 幼児の人間関係をめぐる「ルール」や「きまり」の意味について学びましょう。

学習の準備

本章では、子どもの育ちについて、乳幼児期にかけての「道徳性・規範意識」がどのように芽生えてくるのかについて考えます。昨今では、子どもたちの基本的な生活習慣や態度が育っていなかったり、他者とのかかわる機会が少なくなっているといった声を耳にすることがあります。地域社会と子どもたちはどのようにかかわっていくべきか、また、社会環境の変化にどのように対応していくべきなのかについて、皆さんで考えていきましょう。

第１節 道徳性の発達

1. 乳幼児を取り巻く人間関係の変化

近年になって、乳幼児を取り巻く人間関係に変化が起こっていることを、皆さんはご存じでしょうか？　子どもたちの人間関係でいえば、仲間集団をつくることがなくなってきており、消滅の危機を迎えています。また、「1.57ショック」に代表される「少子化」問題についても、2006（平成18）年以降、深刻化してきています。

図7-1 出生率・合計特殊出生率について

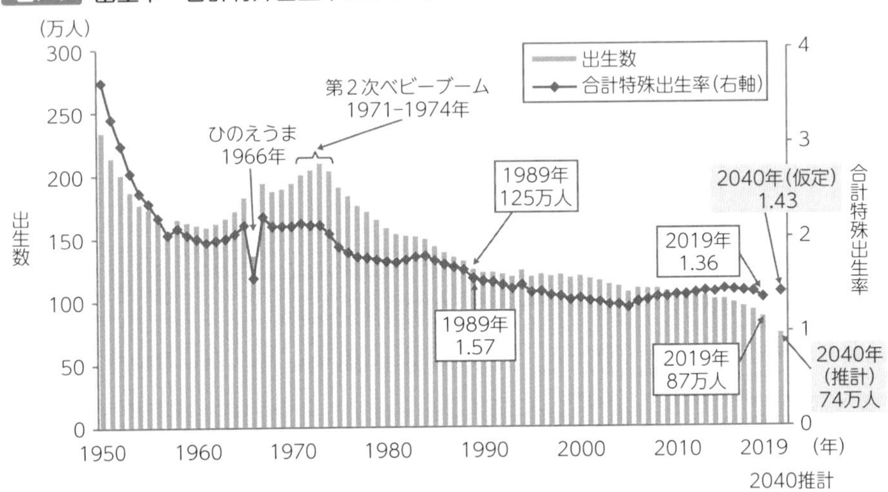

資料：2019年までは厚生労働省政策統括官付参事官付人口動態・保健社会統計室「人口動態統計」(2019年は概数)、2040年の出生数は国立社会保障・人口問題研究所「日本の将来推計人口(平成29年推計)」における出生中位・死亡中位仮定による推計値。

出典：厚生労働省ホームページ

また、「父・母・子」を代表とする、いわゆる「核家族」が増大していることも忘れてはなりません。皆さんのご家庭には祖父母がいらっしゃるかもしれません。「大家族」で育った祖父母の幼少期の頃には、１つの家庭に３人、４人、多くて５人以上になるような子どもたちが生活をしていました。「一郎、二郎、三郎……」という名前の方が、時折みられるのですが、その頃の名残りなのかもしれません。

また、都市に人口が集中する「都市化」や山間部や田舎の地域には若者がいなくなるような「過疎化」の問題が今なおとまりません。かくして、乳幼児を取り巻く環境は刻一刻と変化を遂げてきているのです。このことで、私たちの価値観や生活様式も大きく変わってくることになりました。このことは次節で詳細にみていきます。

皆さんはご自身の家の隣りの方が誰であるのか、住んでいるマンションやアパートにはどのような人が住んでいるのか知っていますか？　また、「おはようございます」「こんにちは」「おやすみなさい」「さようなら」と知らない人から急に声をかけられたことなど、ありますでしょうか？　最近、このような経験をしてこない人たちが増大しているようです。すなわち、人間関係が希薄化しているのです。

日本では、世界に比べて犯罪件数は多くはないかもしれません。しかしながら、知らない人が自宅や保育園、幼稚園、小学校などに不法に侵入することがあったり、また知らない人から危害を加えられたりなど、さまざまな出来事が起こるようになってきました。そのため、新たに人間関係を構築することにも消極的となり、人との交流が徐々に衰退してきていることも否めません。

「隣りの家にしょうゆや砂糖、お塩を借りに行く」というような「物の貸し借り」などについても、昔はよくみられていました。地縁的な結びつきも徐々にみられなくなってきています。

かくして、これからの乳幼児といった子どもたちには、人生にも大きく影響を与えることになる、よりよい「人間関係」を築くことができるようにならなければいけません。

2. 家庭を取り巻く人間関係づくり

それでは、子どもについて、身近なところから人間関係に迫ってみましょう。皆さんも知っていると思いますが、子どもは父親、母親から誕生し、親と結びつくことになります。やがて子どもは自分にはきょうだいといわれる、姉、兄、妹、弟がいるという存在に気づかされることになります。昔は、親の存在だけではなく、親のお父さん、お母さんといわれる祖父母も含まれることが多かったのですが、前節においても触れましたが、核家族が増えている状況であり、お正月やお盆、クリスマス、大晦日といった年に数回の行事において、顔を合わせることが多いようです。家族全員で食事をする、どこかに旅行に行くなど、「いとこ」や「はとこ」もふくめた「親戚」が一堂に会する機会も多かったのですが、昨今においてはみられなくなりつつあります。すなわち、子どもは最初に所属する家族や親戚といったところで、初めての人間関係を築くことになります。

先ほども触れましたが、日本では現在もなお少子化が進んでいます。1945（昭和20）年以降の、日本の子どもの数はこれまでにどのような変化をたどって

きたのでしょうか？

1947（昭和22）年から1949（昭和24）年までの期間は「第一次ベビーブーム」と呼ばれ、子どもの出生数は270万人と、現在の出生数よりもずいぶん多いことに気づきます。この24年後の1971（昭和46）年から1974（昭和49）年までの「第二次ベビーブーム」では、以前より数は少ないですが210万人、そして2015（平成27）年には100万人であり、およそ半数にまで減少しています。また筆者が生まれた1970年代には二人きょうだい、三人きょうだいなどがみられました。しかしながら、1990年代に入ると、ひとりっ子の数が増大していきます。そのため、家族や親戚とかかわる子どもの数は少なくなっているのです。

3. 保育園・幼稚園・幼保連携型認定こども園を中心とした人間関係づくり

子どもたちは家族のなかで育ち、やがて地域社会のなかで、家族や親族のほかの他者とかかわることになります。私たちの住む家を一歩飛び出してみると、スーパーマーケット、ショッピングモール、書店、図書館、博物館、病院などの生活関連施設が存在します。親に急な用事があったりする場合には、子どもを預けることも必要になります。保育所（園）や幼稚園、幼保連携型認定こども園、小規模保育所といわれる保育・教育機関・施設が地域社会に必要になってくるのはおわかりだと思います。地域社会のコミュニティのなかで、このような機関や施設の役割が大きくなるのです。

そして子どもたちは、保育園・幼稚園・幼保連携型認定こども園・小規模保育所に入り、新たな人間関係を構築していきます。保育者や友達がその例となるでしょう。子どもの１日の生活の半分は家庭であり、残りの半分は園ということになります。すなわち、子どもたちは生活の連続性を経験することになっているのです。

このような園では、子どもたちは「遊び」を通じて、成長・発達を遂げていくことになります。「子どもは遊びの天才」といわれるように、遊びを通じて大人になるために必要なスキルを身につけていくのです。

ところが最近では、地域社会におけるコミュニティ機能が失われつつあり、子どもたちが群がりながら遊ぶための空間が失われつつあるのです。筆者の幼少期には、年齢や性別など無関係のなかで、原っぱ、グラウンド、児童公園や路地や路地裏などで、夜になるまで遊び尽くしていた記憶があります。親が夕食を伝えに来るまで、心底遊びに没頭していました。藤子・F・不二雄の代表作の1つである、漫画「ドラえもん」の1つの光景として登場するような遊び場がどこもかしこにも存在していました。しかしながら現在では、都市化や、自動車、バイク、自転車などの交通量が増えることで、地域から子どもの遊び場が消えていき、大型商業施設や駐車場に変化しています。

子どもの遊び場が失われているだけでなく、塾や習い事、水泳、サッカーなどのスポーツ教室に通う子どもたちが今では後を絶ちません。このような背景により、子どもたちは園や学校から帰っても、忙しい生活が待っています。そのために遊ぶための時間がなく、遊びのための友達（仲間）も存在しません。追い打ちをかけるように、子どもの遊び相手は、ときには小型ゲーム機であることも多くなりました。

いわゆる「空間」「時間」「仲間」すなわち「三間（サンマ）」の消失がみられるようになり、子どもたちは危機的状況を迎えているのです。

4. 人とのかかわりを通じて身につける道徳性とその発達

ここまで見てきたように、子どもたちの周辺環境は刻々と変わりつつあり、そのなかで他者とのかかわりの経験が少なかったり、苦手であったり、また自制心や我慢することが身につかず、ときには「キレる子」になって現れることがあります。子どもたちには、基本的な生活習慣や態度をはじめ、規範意識が身についていない状態になっています。

2017（平成29）年に「幼稚園教育要領」「保育所保育指針」が改訂されました。さらに「幼児期の終わりまでに育ってほしい姿」について提示されることになりました。この姿のなかに「道徳性・規範意識の芽生え」が示されることになり、「友達と様々な体験を重ねる中で、してよいことや悪いことが分かり、自分の行動を振り返ったり、友達の気持ちに共感したりし、相手の立場に立って行動するようになる。また、きまりを守る必要性が分かり、自分の気持ちを調整し、友達と折り合いを付けながら、きまりをつくったり、守ったりするようになる」と記述されています。

「道徳性」とは、どのようなものなのでしょうか。道徳性とは、簡単にいえば、人とのかかわりのうえで必要なルールやマナーであり、集まりや団体、組織のなかでの決まりごとともいえるでしょう。また、対人関係を重んじながら、お互いに尊重し合える関係をつくっていくこと、またはそれを行う態度を含むことともいえます。

では、以下において、もう少し詳細に見ていくことにしましょう。

人間関係

〔他の人々と親しみ、支え合って生活するために、自立心を育て、人と関わる力を養う。〕

1）ねらい

① 幼稚園生活を楽しみ、自分の力で行動することの充実感を味わう。
② 身近な人と親しみ、関わりを深め、工夫したり、協力したりして一緒に活動する楽しさを味わい、愛情や信頼感をもつ。
③ 社会生活における望ましい習慣や態度を身に付ける。

2）内容

① 先生や友達と共に過ごすことの喜びを味わう。
② 自分で考え、自分で行動する。
③ 自分でできることは自分でする。
④ いろいろな遊びを楽しみながら物事をやり遂げようとする気持ちをもつ。
⑤ 友達と積極的に関わりながら喜びや悲しみを共感し合う。
⑥ 自分の思ったことを相手に伝え、相手の思っていることに気付く。
⑦ 友達のよさに気付き、一緒に活動する楽しさを味わう。
⑧ 友達と楽しく活動する中で、共通の目的を見いだし、工夫したり、協力したりなどする。
⑨ よいことや悪いことがあることに気付き、考えながら行動する。
⑩ 友達との関わりを深め、思いやりをもつ。
⑪ 友達と楽しく生活する中できまりの大切さに気付き、守ろうとする。
⑫ 共同の遊具や用具を大切にし、皆で使う。

⑬ 高齢者をはじめ地域の人々などの自分の生活に関係の深いいろいろな人に親しみをもつ。

3）内容の取扱い

上記の取扱いに当たっては、次の事項に留意する必要がある。

① 教師との信頼関係に支えられて自分自身の生活を確立していくことが人と関わる基盤となることを考慮し、幼児が自ら周囲に働き掛けることにより多様な感情を体験し、試行錯誤しながら諦めずにやり遂げることの達成感や、前向きな見通しをもって自分の力で行うことの充実感を味わうことができるよう、幼児の行動を見守りながら適切な援助を行うようにすること。

② 一人一人を生かした集団を形成しながら人と関わる力を育てていくようにすること。その際、集団の生活の中で、幼児が自己を発揮し、教師や他の幼児に認められる体験をし、自分のよさや特徴に気付き、自信をもって行動できるようにすること。

③ 幼児が互いに関わりを深め、協同して遊ぶようになるため、自ら行動する力を育てるようにするとともに、他の幼児と試行錯誤しながら活動を展開する楽しさや共通の目的が実現する喜びを味わうことができるようにすること。

④ 道徳性の芽生えを培うに当たっては、基本的な生活習慣の形成を図るとともに、幼児が他の幼児との関わりの中で他人の存在に気付き、相手を尊重する気持ちをもって行動できるようにし、また、自然や身近な動植物に親しむことなどを通して豊かな心情が育つようにすること。特に、人に対する信頼感や思いやりの気持ちは、葛藤やつまずきをも体験し、それらを乗り越えることにより次第に芽生えてくることに配慮すること。

⑤ 集団の生活を通して、幼児が人との関わりを深め、規範意識の芽生えが培われることを考慮し、幼児が教師との信頼関係に支えられて自己を発揮する中で、互いに思いを主張し、折り合いを付ける体験をし、きまりの必要性などに気付き、自分の気持ちを調整する力が育つようにすること。

⑥ 高齢者をはじめ地域の人々などの自分の生活に関係の深いいろいろな人と触れ合い、自分の感情や意志を表現しながら共に楽しみ、共感し合う体験を通して、これらの人々などに親しみをもち、人と関わることの楽しさや人の役に立つ喜びを味わうことができるようにすること。また、生活を通して親や祖父母などの家族の愛情に気付き、家族を大切にしようとする気持ちが育つようにすること。

「幼稚園教育要領」の「人間関係」のところを見てみると、「2　内容」では、主に「⑼よいことや悪いことがあることに気付き、考えながら行動する」「⑽友達との関わりを深め、思いやりをもつ」「⑾友達と楽しく生活する中できまりの大切さに気付き、守ろうとする」「⑿共同の遊具や用具を大切にし、皆で使う」

があてはまることになります。

子どもたちが園において、友達と遊ぶことは多いです。そのなかで、友達の悪口を言ったり、叩いたり、いじめたりなど「よいこと」「悪いこと」の分別がつかないと大人になってから大変な問題になることでしょう。

また、友達とかかわることできまりやルールを自らが考え、話し合いを行うようになり、遊具や用具を遊びのなかに取り入れることで、さまざまな経験が行われ、より大人へと成長していくことになるのです。

では、道徳性を子どもたちに身につけさせるためには、どのようにしていくとよいのでしょうか。「幼稚園教育要領」の「3　内容の取扱い」では、「(4)道徳性の芽生えを培うに当たっては、基本的な生活習慣の形成を図るとともに、幼児が他の幼児との関わりの中で他人の存在に気付き、相手を尊重する気持ちをもって行動できるようにし、また、自然や身近な動植物に親しむことなどを通して豊かな心情が育つようにすること。特に、人に対する信頼感や思いやりの気持ちは、葛藤やつまずきをも体験し、それらを乗り越えることにより次第に芽生えてくることに配慮すること」と記述されています。

子どもにとって、基本的な生活習慣を確立することは大切であって、そのなかで子どもたちは自分と他人の違いに気づき、相手を思いやる心を育てていくことになります。また、身近な自然にも興味や関心をもちながら、動植物に親しみ、豊かな心情が培われることになります。人との出会いを通じて、信頼感や思いやりがさらに強さを増すことにもなる大事な事柄であるのです。

ゆえに、「道徳性」は子どもの頃から育つものであり、大人になってから育つものではないといえるでしょう。

第２節　価値観の育ちと規範意識

1. 価値観や生活様式の変化

2020（令和２）年２月に中国武漢を起源とする新型コロナウイルス感染症（COVID-19）の流行拡大により、私たちはコロナウイルスへの感染、拡散を恐れるだけでなく、生活の不安や、家族の健康に関する不安が増加していくことになりました。濃厚接触や三密の防止をはじめ、マスクの着用と消毒液による消毒などが生活習慣のなかに入り込むようになり、生活様式はそれまでと一変するようになりました。

2011（平成23）年３月11日に起こった東日本大震災により、私たちは日々の生活が平穏であることのありがたみを改めて認識するとともに、生命の尊重、生きることの大切さを思い知ることになりました。また、助け合いや思いやりの心を必要とするような人間関係の重要性についても、改めて認識することになったのではないでしょうか。

「ウィズ・コロナ」と呼ばれる新しい生活様式も余儀なくされることになってきています。「ウィズ・コロナ」の生活様式は、外出自粛要請などの影響から自宅で生活することが最優先として考えられるようになり、テレワークといわれる、パソコンやスマートフォンを活用した仕事や、コミュニケーションが普及するようになりました。父母はそれまで会社への出勤が求められていましたが、自宅にいながら仕事をするスタイルが主流となりました。就業価値観の変化がみられるようになり、ワーク・ライフ・バランスを重んじるような意識が高まりつつあります。

一方、子どもたちは保育所や幼稚園、幼保連携型認定こども園に通園することが叶わなくなり、自宅でのまったり、のんびりとしたおうち生活が求められるようになりました。それまで対面で交流した友達とも接する機会がなくなり、インターネットやZoom、Teams、Google Meetにみられるようなツールを活用した交流へと変化するようになりました。しかし、家族と過ごす時間が増えることから、「家族の絆や連帯感」が培われるというような現象が起こるようになりました。また、このような変化に伴い、価値観の多様化がみられるようになりました。そもそも自分、他者はそれぞれ考え方が違うのであるから、尊重しようということであります。このように自粛生活が進むことで、よりいっそうこのような考えが浸透していくことでしょう。

「ウィズ・コロナ」の生活様式は、ここ最近、少しずつですが変化がみられるようになってきています。2023（令和５）年５月８日からは、季節性インフルエンザと同様の「５類感染症」に入ることになりました。またマスク着用についても、2023（令和５）年３月の卒園式や入園式などでも、子ども個人の判断に委ねられることになってきています。少しでも早く皆さんが過ごしやすい世の中になることが望まれてなりません。

2. 規範意識の形成

皆さんが過ごしやすい生活をしていくには、ルールやマナーなどが必要になると考えられます。そこで必要になるものとして、「規範意識」があげられます。

では、規範意識とはいったいどのようなものでしょうか？　規範意識とは社会で生きていくための基本的な生活習慣を身につけるとともに、集団生活を営むうえで、みんなが気持ちよく生活するためにきまりや規則を守ることです。子どもたちにとっての園での生活は、家庭生活からは離れて行われる、初めての集団生活を行う場所です。保育者や友達とのかかわりを通じて、少しずつではありますが園生活の１日の流れやそこでのきまりを知ったり、気づいたり、友達と仲よく遊ぶ機会、ルールについても学ぶことになります。

園生活では、基本的な生活習慣を身につけることは、みんなが初めての経験になります。みんなが気持ちよく生活ができるように、さまざまなきまりやルールがあります。遊んだ後には片づけをする、トイレに行った後には、手洗いを行う、スリッパを脱ぐときにはそろえる、ごはんを食べた後には歯磨きを行うなどです。

集団生活では友達と気持ちよく過ごすことばかりではありません。友達同士で言い合い、けんかなども生じます。その際に、自分の気持ちを相手に押し付けるだけでなく、思いやりの心をもって対応する必要もあります。「ありがとう」「ごめんなさい」という言葉が素直に出るかどうかも、とても大切なポイントになります。こういった経験こそが、子どもの頃だけではなく、やがて社会人になったときに大きく影響するのです。

第3節 ルールやきまりの意味

「保育所保育指針」では、内容に「きまりの大切さに気付く」と示されています。これまで本章で説明してきた「道徳性」や「規範意識」は子どもたちにとって、人として生きていくために進んでいかなければならないための「道」であり、人と人とがつながりをもたらす人間関係を構築するうえで、人同士がお互いに交流しながら、善悪を判断する基準として認められているのです。

乳幼児の子どもたちなりに、何がよくて何が悪いか、何を行い何をしてはいけないかという判断や行動力が求められていることになるのです。

しかしながら、そのことは日々ともに過ごしている父や母といわれる保護者や保育所・幼稚園・幼保連携型認定こども園に勤務する保育者の発言や姿勢が目の前の子どもに対して、直接反映されることが多いのです。

どうして、友達を叩いたりしてはいけないのか、また、どうして友達のおもちゃを横取りすることはいけないのか、どうしてじゃんけんの規則を守らないといけないのか、さらにどうして順番を守らないといけないのかなど、日々の繰り返しによって子どもたちがそのことに納得し、理解するようになるまで丁寧に繰り返す必要があるといえます。子どもたちをただ怒るだけでなく、しっかり叱ることも大切です。また、子どもたち自身がそのことを受け止め、理解し納得することが必要であるでしょう。

親や保育者は、子どもたちの個々をしっかり受け止め、子どもたちの将来につながる人間関係の構築のサポーターとして行っていくことが必要でしょう。

【学習のまとめ】

- 「三間」（さんま）の消失について、「三間」（さんま）とはどのようなものをいうのでしょうか。３つ書いてみましょう。
- 「道徳性」はなぜ、子どもたちにとって必要なものでしょうか。クラスの友人と話し合ってみましょう。
- 「幼児期の終わりまでに育ってほしい姿」のうち、「道徳性」に関係のある項目は何か、探してみましょう。また、それはどのような意味をもつものでしょうか？　書いてみましょう。

参考文献

・岸井慶子・酒井真由子編著『コンパス 保育内容人間関係』建帛社、2018.
・厚生労働省『保育所保育指針（平成29年告示）』フレーベル館、2017.
・田中卓也・宮内洋・藤井伊津子・中澤幸子編著『基礎からまなべる保育内容（人間関係）ワークブック』あいり出版、2020.
・田村美由紀・室井佑美『〈領域〉人間関係ワークブック』萌文書林、2017.
・内閣府・文部科学省・厚生労働省『幼保連携型認定こども園教育・保育要領（平成29年告示）』フレーベル館、2017.
・文部科学省『幼稚園教育要領（平成29年告示）』フレーベル館、2017.

第8章

協同して物事に取り組む

本章のねらい

本章では、子どもが、園での集団生活において友達といっしょに力をあわせて、協同して物事に取り組むようになるために、保育者が子どもの姿をどのようにとらえ、どのように援助することが求められるのかについて学びます。子どもの集団における協同性を育むためには、保育者の子ども一人ひとりの〝個〟への温かなまなざしが大切であることを理解しましょう。

学習のポイント

- 個の育ちと集団の育ちはつながっていることを理解し、集団での遊びや活動を豊かな経験にするためには、保育者が子どもの〝個〟を受容することが重要であることを理解しましょう。
- 各事例を通して、子どもの細やかなしぐさや言葉から、子どもの感情や思いを読み取り考察し、各事例を通して、自分が保育者の立場ならば、どのようにかかわるかを考えましょう。
- 10の姿における「協同性」について、具体的なエピソードを用いて説明できるようにしましょう。そして、子どもにとって「協同性」は高度な能力であり、園生活での経験が小学校以降の育ちの基盤となることを理解しましょう。

学習の準備

子どもが協同して物事に取り組む様子を思い浮かべてみてください。それは具体的に、どのような場面でしょうか。また、それは一人ひとりの子どものどのような姿としてとらえることができるでしょうか。保育において、子どもが協同して物事に取り組む体験をすることは大切だと言われていますが、それはなぜだと思いますか。まずは、これらの問いについて自分で考えてノートにまとめておきましょう。

第1節 個の育ち、集団の育ち

1. 個の育ちとは

入園するまでの子どもは、生後間もない頃から慣れ親しんだ個々の家庭環境において、自分のことをよくわかってくれている家族らとともに日々の生活を営んでいます。子どもは、生まれて初めて出会う親やきょうだい、祖父母などの身近な人との触れ合いを通して、人とのかかわりを経験します。

特に赤ちゃんの頃は、お腹が空いたり、おむつが汚れて不快になったりすると、大きな声で泣いて周囲に知らせることしかできません。しかし、その泣き声に身近な大人が適切に応答して、ミルクを飲ませたり、おむつを替えたりすることによって、赤ちゃんは生理的な欲求が満たされ、心地よさを取り戻し、安定した気持ちで過ごすことができるのです。細やかなことに思えるかもしれませんが、子どもが身近な大人とこのようなかかわりを日々繰り返し、そこでの心地よい体験を積み重ねることにより、その子どもにとっての人を信頼する基盤が培われます。

親などの養育者は、毎日、子どものそばで身の回りの世話をしていると、その子どもの性質や心身の状態、物事への興味・関心などがわかるようになります。ですので、子どもが不安や不快を感じたときには適切に手を差し伸べることができます。園での生活においては、保育者が子どもにとっての身近で信頼できる存在となります。よって、入園後は、保育者が個々の子どもとの信頼関係を築くことが重要となります。

このように、子どもにとって信頼できる大人がいつもそばにいて、そのときの状態や生活のリズムに寄り添ってくれる環境下では、子どもの心身は安定し、安心して周囲の物事に興味・関心を向けてのびのびと活動することができます。とりわけ幼児期の子どもの個の育ちは、このようにして促されます。

2. 集団の育ちとは

園に通い始めるようになると、家庭とは異なる園という環境において、年齢は近いが生育歴の異なるたくさんの子どもたちや、クラス担任や担当の保育者と一緒に過ごすことになります。これは、幼児期の子どもにとって、大きな生活環境の変化であるといえます。

園生活では、ほかの子どもたちと共同で使う場所や遊具、生活用具などが多くあります。家庭で過ごしているときのように、自分の気に入ったおもちゃを長い時間独占して使うことはできません。手洗い場やトイレなどでは、皆が気持ちよく使うために集団生活で必要な「きまり」もあります。また、皆で協力して１つのことに一斉に取り組む活動の時間もあります。このように、家庭との大きな環境の違いもあり、入園当初は戸惑うことも多く、なかには、園での生活になかなかなじめない子どももいます。

しかし、子どもたちは、そのような園生活のなかで自分の居心地のよい場所や興味・関心を向けることができる遊具、没頭できる遊びなどを常に探索しています。入園当初は、自分だけで一人遊びをしていた子どもも、周囲の子どもがやっている遊びを間近で目にすることで興味・関心が広がり、いつの間にかほかの子どもと一緒に遊ぶ様子もみられるようになってきます。これらの過程を経て、一人遊びに没頭するのもよいですが、たくさんの友達と一緒に遊ぶことで、自分一人では思い浮かばないような発見があったり、ダイナミックな遊びに発展したりするというような新たな体験をします。

このように集団で友達と一緒に遊ぶようになると、必ずしも楽しいことばかりではなく、ときには自分の思いどおりにならなくて嫌な気持ちになったり、友達とぶつかり合っていざこざが生じたりすることもあります。これらは一見ネガティブなことのように思うかもしれませんが、このような体験を通して、子ども自身が自分の気持ちや他者の気持ちに気づくことになり、次はどうすれば嫌な気持ちやぶつかり合いを乗り越えて一緒に遊ぶことができるのかを考える貴重な学びの機会となります。まさに園での生活は、幼児期の子どもが初めて出会う集団での学びの場なのです。

園での集団の育ちを促すためには、「1．個の育ちとは」でも述べたように、園という場が、一人ひとりの子どもにとって心身が安定し、安心して過ごせる場であることが必須です。園生活においては、保育者が子どもにとっての信頼できる身近な存在となります。何よりも保育者が一人ひとりの子どもの気持ちに寄り添って受容し認めることが重要で、そのことが個々の子どもに実感として伝わることにより、園生活における子どもたちの集団の育ちがより促されるのです。

3. 個と集団の育ちを支える保育

前述したとおり、園での生活は、子どもが家族から離れて保育者やたくさんの子どもたちと集団で過ごす環境になりますので、保育者が一人ひとりの子どもにとって信頼できる身近な存在であることが求められます。子ども一人ひとりが、保育者を頼りにして拠り所と実感できることが、園生活での子どもの個の育ちを支え、それを基盤とした豊かな集団の育ちへとつながります。このように個の育ちと集団の育ちは関連しており、どの時期においても重要なのです。

では、保育内容の領域「人間関係」において、保育者が子どもの個と集団の育ちを支える保育を行うために、保育所保育指針、幼稚園教育要領、幼保連携型認定こども園教育・保育要領では、どのように示されているかを見ていきましょう。

❶ 1歳以上3歳未満について

保育所保育指針と幼保連携型認定こども園教育・保育要領における「保育の内容」の「ねらい及び内容」の「基本的事項」のなかでは、「(前略) 自分でできることが増えてくる時期であることから、保育士(または保育教諭)等は、子ども(または園児)の生活の安定を図りながら、自分でしようとする気持ちを尊重し、温かく見守るとともに、愛情豊かに、応答的に関わることが必要である」と記載されています(下線は筆者が加筆)。このことからも、集団での生活環境において保育者が個々の子どもと丁寧に向き合い、その子どもの育ちの状況や生活リズムに寄り添ってかかわることの大切さがわかります。

領域「人間関係」においては、次のような「ねらい」が示されています。

① 保育所(または幼保連携型認定こども園)での生活を楽しみ、身近な人と関わる心地よさを感じる。
② 周囲の子ども(園児)等への興味や関心が高まり、関わりをもとうとする。

③ 保育所（または幼保連携型認定こども園）の生活の仕方に慣れ、きまりの大切さに気付く。

これらのねらいを達成するためには、「内容」や「内容の取扱い」に記されている事項からも、子どもと保育者との信頼関係の構築が、いかに重要であるかがわかります。子どもは、保育者との信頼関係を基盤として周囲の子どもへの興味・関心が芽生え、徐々に人とかかわっていこうとする意欲につながっていくということを理解しておく必要があります。

また、この時期の子どもは、発達的にも自分の感情をコントロールするのが難しい時期でもあります。これらを踏まえて、保育者がどのように仲立ちをすればよいのか、また、皆が心地よく園生活を送るためには、どのような環境設定や援助が必要なのかを考えて指導の計画を立てなければなりません。

❷ 3歳以上について

保育所保育指針と幼保連携型認定こども園教育・保育要領における「保育に関するねらい及び内容」の「基本的事項」のなかでは、「(前略) 仲間と遊び、仲間の中の一人という自覚が生じ、集団的な遊びや協同的な活動も見られるようになる。これらの発達の特徴を踏まえて、この時期の保育（または教育及び保育）においては、個の成長と集団としての活動の充実が図られるようにしなければならない」と記載されています（下線は筆者が加筆）。

また、幼稚園教育要領では、「第１章　総則」の「第１　幼稚園教育の基本」のなかで、「1．幼児は安定した情緒の下で自己を十分に発揮することにより発達に必要な体験を得ていくものであることを考慮して、幼児の主体的な活動を促し、幼児期にふさわしい生活が展開されるようにすること」「3．(前略) 幼児の生活経験がそれぞれ異なることなどを考慮して、幼児一人一人の特性に応じ、発達の課題に即した指導を行うようにすること」と記載されています（下線は筆者が加筆）。

以上からも、この時期は、３歳頃までに培われた周囲の子どもへの興味・関心、人とかかわろうとする意欲から、さらに仲間関係の構築へと発展する時期であることを踏まえ、集団において子ども同士の協同性が促されるような指導が必要であることがわかります。

領域「人間関係」においては、次のような「ねらい」が示されています。

① 保育所（または、幼保連携型認定こども園、幼稚園）の生活を楽しみ、自分の力で行動することの充実感を味わう。
② 身近な人と親しみ、関わりを深め、工夫したり、協力したりして一緒に活動する楽しさを味わい、愛情や信頼感をもつ。
③ 社会生活における望ましい習慣や態度を身に付ける。

これらのねらいを達成するためには、「内容」や「内容の取扱い」に記されている事項からも、自分でできることが増えてくる時期であることを踏まえ、自立心を育むとともに仲間と協同する力を養うことが、いかに重要であるかがわかります。集団としての子ども同士のかかわりをより豊かにするためには、集団活動を単に一斉に指導するだけではなく、保育者が一人ひとりの子どもを受容し、その特性や発達を理解したうえで、個々の子どもに即した保育を実践しなければなりません。これらが両輪を成して指導されることが、人と協同することの楽しさや充実感、仲間への愛情や信頼感をもつことにつながります。

第２節　遊びのなかでみられる人間関係

1. 身近で一緒にいる人への興味や関心をもつ

事例１

両頬に手を当てて　　**1・2歳児　7月**

テラスでは、１歳児クラスの子どもたちが、たらいの中で水遊びをしている。ペットボトルやジョウロに水を汲んで上のほうからジャーッと流してみたり、身体に水をかけてお風呂ごっこをしたり、水の中で足をバシャバシャ動かして水しぶきが飛び散るのを面白がったりして各々遊んでいる。

そこにチョウチョが飛んできた。ミクちゃんは、ジョウロを手に持ったまま、そのチョウチョをじっと見上げていた。そして、そばにいた保育者のほうを見てチョウチョを指さしながら「あっ！」と言った。保育者もチョウチョを見て「チョウチョだね」と応えた。すると、ほかの子どもたちもチョウチョに気づいて指さしたり、目で追ったりしていた。しばらくすると、チョウチョはテラスから出て園庭のほうへ飛んで行ってしまった。

ミクちゃんは再びジョウロに水を汲んで、隣にいたトモキ君の背中にジャーッと水をかけた。トモキ君はくすぐったそうに笑ってはしゃぎながら、たらいの水の中で足でバシャバシャとさせた。その水しぶきが激しく飛び散ったので、周囲の子どもたちはキャーキャーと声をあげた。保育者は、トモキ君に両手を差し出して手をつなぎ、笑顔で歌うように「もう、おしまいねっ！」と言った。しかし、トモキ君は止めようとせず水を飛ばし続けていた。保育者はほかの子どもたちにも、順番に両頬に手を当てて顔を見ながら「もう、お・し・ま・い・だよ！」とゆっくりした口調で言った。すると、すぐそばでその様子を見ていたリョウ君がニコニコしながら、保育者の両頬にそっと両手を当てた。

事例1 では、１・２歳児の子どもたちがテラスで水遊びをしている様子が描かれています。この頃は一人遊びが中心の時期ですが、複数の子どもたちがテラスという同じ場に集い、水遊びの時間をともに過ごしています。このような時期の子どもの発達を踏まえて、次の演習課題に取り組んでください。各課題について、まずは自分で考えたことを書き出してください。その後で、各自が考えたことを実習生同士で互いに話し合ってください。

【演習課題】

❶ 子どもたちは、それぞれどのような体験をしているでしょうか。
❷ この遊びのなかで、どのような人間関係がみられるでしょうか。
❸ １歳以上３歳未満の領域「人間関係」における「ねらい」「内容」「内容の取扱い」のどの箇所が該当するでしょうか。

2. 他児の遊びが気になる

事例2

「あー、取ったー」 **2歳児　9月**

電車遊びの好きなリョウ君とハヤト君は床に木製レールをたくさんつなげて線路をつくって遊んでいた。リョウ君は、電車の車両（マグネットで連結できる）を８両つなげて、黙々とレールの上をゆっくりとした速さで動かしていた。カーブに差しかかると、顔を床につけるようにしてレールと車輪のあたりを覗き込みながら、脱線しないように気をつけているのか慎重に電車を動かしていた。

リョウ君が電車を走らせている位置から少し離れたところで、ハヤト君も同じように車両を３両つなげてレールの上を走らせようとしていた。ハヤト君は、リョウ君が車輪を覗き込んで慎重に電車を動かしている様子をしばらくじっと見つめていたが、突然、「ダダダダーッ」と言いながら自分の３両の電車を速いスピードで走らせていた。その勢いで後ろの２両は外れてしまったが、それでも気にせず、やや乱暴に線路の上を走らせていた。みるみるうちにリョウ君の電車の近くまでやって来た。それでもハヤト君は止めることなく、そのまま「ドーン」と言いながら、リョウ君が慎重に動かしていた８両の電車の先頭に自分の電車を勢いよく衝突させた。両方の電車が脱線し、レールの一部も外れてしまった。

リョウ君は、「あーっ」と声をあげて怒った顔でハヤト君のほうを見て、電車を持っていたハヤト君の手を強く払いのけた。ハヤト君は、「痛いっ」と声をあげて、電車を持ったままの手でリョウ君の肩を押した。リョウ君はバランスを崩して後ろにひっくり返りそうになったが、そばにいた保育者に支えられて、ひっくり返らずに済んだ。その間に、ハヤト君がリョウ君の使っていた８両の電車（脱線してバラバラになっている）に触ろうとすると、リョウ君は泣きながら「あー、取ったー」と言ってハヤト君を叩こうとした。ハヤト君もリョウ君を叩こうと手を出したところで、保育者が二人の叩こうとしている手を止めた。

事例2 では、２歳児のいざこざの様子が描かれています。この頃は、他児への興味や関心も高まり、徐々に周囲の子どもとかかわろうとする姿もみられますが、一人遊びや平行遊びをすることが多いです。また、言葉で伝えることや感情のコントロールが未熟な時期でもあるため、嫌なことがあると先に手が出てしまいます。このような時期の子どもの発達を踏まえて、次の演習課題に取り組んでください。各課題について、まずは自分で考えたことを書き出してください。その後で、各自が考えたことを実習生同士で互いに話し合ってください。

【演習課題】

❶ この場面では、なぜ、いざこざが生じたと思いますか。

❷ この遊びのなかで、どのような人間関係がみられるでしょうか。

❸ １歳以上３歳未満の領域「人間関係」における「ねらい」「内容」「内容の取扱い」のどの箇所が該当するでしょうか。

3. 友達を思いやる

事例3

「どうしたの？　泣いてるの？」 **3歳児　5月**

朝の登園直後の様子である。ほとんどの子どもたちが登園し、朝の身支度を済ませた子どもが保育室で各々好きな遊びをしている時間である。少し遅れて登園してきたユミちゃんが母親に抱きつきながら保育室に入ってきた。ユミちゃんは、母親と離れたくない様子でぐずっていた。母親は、何とかユミちゃんをなだめて保育室を出ようとするが、ユミちゃんは大泣きして母親を追いかけて保育室から出て行ってしまった。

その様子を塗り絵をしながらチラチラと見ていたホノカちゃんが、塗り絵をする手を止めて急にうつむいてグスグスと鼻をすすりながら、目をこすって泣き始めた。同じ机で向かい合って塗り絵をしていたカナちゃんは、ホノカちゃんが泣いているのに気づき、驚いたような表情で、「え？　どうしたの？　泣いてるの？」と言いながらホノカちゃんの顔を覗き込んだ。しかし、ホノカちゃんはうつむいて目をこすりながら何も答えない。カナちゃんは手を伸ばしてホノカちゃんの頭をそっとなでていた。そして、カナちゃんは保育者のところに行って「先生、ホノカちゃんが泣いてる」と伝えた。

保育者はクラスの子どもたちに向けて、「ユミちゃんね、今日はちょっと、お母さんと離れづらいみたいだけど、すぐに来るから、皆で遊んで待っていようね」と言った。その後、ユミちゃんは泣き止んで保育室に戻り、朝の集まりの時間が始まった。ホノカちゃんは、まだ少しうつむいていたが泣きやんで、名前を呼ばれたら手をあげて返事をしていた。

事例３の冒頭では、３歳児クラスのユミちゃんが登園しぶりをしている様子が描かれています。３歳児クラスから初めて園に通い始める子どもも多く、特に５月の連休明けには、このような登園しぶりをする子どももみられます。この時期になると、友達の気持ちもわかるようになるため、友達が泣いていると自分も悲しい気持ちになったり、心配して思いやったりする姿もみられます。このような時期の子どもの発達を踏まえて、次の演習課題に取り組んでください。各課題について、まずは自分で考えたことを書き出してください。その後で、各自が考えたことを実習生同士で互いに話し合ってください。

【演習課題】

❶ 子どもたちは、それぞれどのような体験をしているでしょうか。

❷ この遊びのなかで、どのような人間関係がみられるでしょうか。

❸ ３歳以上の領域「人間関係」における「ねらい」「内容」「内容の取扱い」のどの箇所が該当するでしょうか。

4. 子ども同士で力を合わせる

事例4

皆でお兄さんに勝つ　　4・5歳児　6月

この日は、地域の中学生（２年生・男子）が職場体験のために園に来て子どもたちと一緒に過ごしていた。園庭では、４歳児クラスと５歳児クラスの子どもたちが遊んでいた。４歳児クラスを担当していた中学生の健二君は、遊具置き場からサッカーボールを見つけてきて、園庭中央の広い場所でドリブルを始めた。４歳児クラスの数人の子どもたちが健二君の周辺に集まって、上手にドリブルをしているのを興味深そうに見ていた。そのうちのユウト君が健二君のそばに近寄ってボールを取ろうと試みた。しかし、健二君がうまくかわすのでなかなか追いつけず、ボールを取ることができずにいた。

すると、その様子を見ていた５歳児クラスの男児４人が駆け寄って来て、健二君がドリブルしているボールを奪おうと健二君を取り囲んだ。それでも、健二君は上手にかわして、子どもたちにボールを取られることなくドリブルを続けていた。男児らは、それに負けじとサッカーボールを追いかけるのに夢中になっていた。そのとき、ケント君が転んだ。ケント君はしばらく転んだままの状態で周囲をキョロキョロ見回していたが、すぐに起き上がり再びボールを追いかけた。子どもたちがどんなに必死でボールを追いかけても、何度も健二君に簡単にかわされて、なかなか子どもたちがボールを蹴るチャンスがない様子であった。

そこに今度は、４歳児クラスのミカちゃんが加わって、健二君を追いかけて近寄ると、ボールを取るのではなく、健二君のお尻をポンポンと叩き始めた。それを見ていた他の子どもたちも健二君を追いかけてお尻をポンポンと叩きはじめた。健二君は、さすがにドリブルが続かなくなり、その場にひっくり返った。健二君は、すぐに身体を起こして足を投げ出して座り、ハーハーと息を切らして笑いながら「あー、もう降参。僕の負けだ」と言った。

事例4では、普段、園の子どもたちがなかなかかかわる機会のない中学生が園を訪れて、子どもたちと一緒に遊んでいる様子が描かれています。4・5歳頃になると、身体機能や運動機能もこれまで以上に発達するため、刺激のある遊びや活動を好む子どもも増えてきます。また、子ども同士の仲間意識も高まる時期です。この時期の子どもの発達を踏まえ、次の演習課題に取り組んでください。各課題について、まずは自分で考えたことを書き出してください。その後で、各自が考えたことを実習生同士で互いに話し合ってください。

【演習課題】

❶ 子どもたちは、それぞれどのような体験をしているでしょうか。

❷ この遊びのなかで、どのような人間関係がみられるでしょうか。

❸ 3歳以上の領域「人間関係」における「ねらい」「内容」「内容の取扱い」のどの箇所が該当するでしょうか。

第3節 協同的な遊び

1.「協同」とは

「協同」について理解するために、まずは言葉の意味を整理しておきます。国語辞典では、「協同」とは「同じ目的のために、しくみを作って、力をあわせること」[1)] とされています。つまり、ふたり以上の人が互いの力をあわせて工夫しながら物事に立ち向かう過程を意味していると考えられるでしょう。

「きょうどう」という言葉には、このほかに「共同」「協働」という異なる漢字の言葉があり、それぞれに異なる意味があります。「共同」は、「ふたり以上の人がいっしょにする（または、使う）こと」で、複数人でいっしょに何かをしている様子や状態を表しています。そして、「協働」は、「同じ目的のために、力をあわせて働くこと」とされており、「協同」よりも相互の結びつきや目的の共有が強調されたものと考えられます。

園生活に当てはめて考えてみると、園は、子どもたちが集団で過ごす場であるため、共同で使う場所や遊具、生活用具に囲まれた環境です。子どもたちは、園に通い始めて間もない時期から、園環境での生活を通して保育者やたくさんの子どもたちとの共同を体験します。園生活では、単に、場所や物を他者と共同で使ったり生活したりするだけではなく、ともに生活するなかで保育者や友達にかかわることを通して、相手に対する親しみや一緒に過ごすことの心地よさを経験します。

この経験が基盤となって、仲間と力を合わせて何かの物事に取り組んだり、同じ目的に向かって協力したりする意欲につながっていきます。すなわち、子どもたちは、日々の園での集団生活を通して、共同から協同へ、さらに協同から協働へと人との関係を深めていくのです。

2. 10の姿における「協同性」とは

2017（平成29）年告示の保育所保育指針、幼稚園教育要領、幼保連携型認定こども園教育・保育要領において、「幼児期の終わりまでに育ってほしい姿」（10の姿）が示されました。そのなかの１つに「協同性」があり、次のように示されています。

［協同性］
友達と関わる中で、互いの思いや考えなどを共有し、共通の目的の実現に向けて、考えたり、工夫したり、協力したりし、充実感をもってやり遂げるようになる。

協同性は、集団の育ちのなかで育まれます。すなわち、園生活では、保育者との信頼関係が基盤となり、ほかの子どもへの関心が広がり、さらに一緒に活動したり遊んだりしてかかわりを深めていくことが協同性の育ちにつながります。

協同性が育まれるためには、友達と一緒に活動できるという「共同」が前提とはなりますが、単にそれだけでは十分ではありません。友達と共同する活動のなかで、それぞれの子どもの力や持ち味が発揮されたり、互いのよさを認めあったりという経験をすることが大切です。

汐見・中山[2)]は、「協同性は高度な能力」であると述べています。一例として、「協同性」の姿の文言にある「友達と関わる中で、互いの思いや考えなどを共有し」ということについて考えてみましょう。実際に子どもたちが皆で何かのごっこ遊びをするときなどに、そのごっこ遊びに対するそれぞれの子どもの頭の中にあるイメージは、おそらく異なっているでしょう。友達と一緒に遊ぶならば、友達との間でそれらの異なるイメージを共有しておくことが必要となります。そのときに、自分の思い描くイメージを友達に言葉で伝えることの難しさと伝わりにくさや、伝わったとしても意見の相違によるいざこざの発生など、決して簡単なことではありません。このようなことを例にとっても、「協同性は高度な能力」であることがわかります。

さらに、汐見・中山は、人間関係のなかでは必ず意見の相違があるが、「合意の形成」をすることが、子どもたちの学びであり、協同性の育ちであると述べています。つまり、友達との意見の相違があったときに、自分の意見を引っ込めるのでもゴリ押しするのでもなく、両者が納得できるような方法を皆で考えて知恵を出し合える関係をつくれるように、保育者が指導する必要があるということです。

3. 協同性を育てる保育者の指導と援助

事例5

商店街ごっこ **5歳児　11月**

最近の５歳児クラスでは、“まち探検”活動をきっかけとして、近隣の商店街に関心をもった子どもたちが、商店街にあるお店屋さんを再現して遊ぶことがブームである。グループごとに和菓子屋さん、アクセサリー屋さん、お肉屋さんなど、子どもたちのユニークなアイデアが盛り込まれたお店の商品づくりが連日、展開されている。子どもたちは、全部のグループの店が完成したら、年少・年中の子どもたちを招待したいと張り切っている。

ところが、ナミちゃんたちのグループとユウマ君たちのグループが、どちらもアイスクリーム屋さんだったことから、ナミちゃんが「商店街にアイス屋さんは２つもいらないから、そっち（ユウマ君たち）の店はアイス屋さんやめてくれない？」と言った。それを聞いたユウマ君は、「何でだよ！　そっち（ナミちゃんたち）こそ、アイス屋さんやめろよ！」と言った。ナミちゃんたちのグループのサヤカちゃんが、「えー！　絶対にヤダ！」と怒って言った。ユウマ君たちのグループのタイガ君は「商店街にアイス屋さんが２つあってもいいんじゃない？」と言った。しかし、ナミちゃんは、「商店街にアイス屋さんは１つでいいの」と言った。アイス屋さんをめぐって、ナミちゃんのグループと、ユウマ君のグループがもめている。

【演習課題】

❶ 事例５のエピソードを読んで考えてください。あなたが保育者ならば、この

子どもたちにどのように指導や援助をしますか？　まずは自分で考えたことを書き出してください。その後で、各自が考えたことを実習生同士で互いに話し合ってください。

５歳頃になると、協同での遊びや生活・活動ができるようになり、子ども同士で協同する場が増えてきます。とは言え、まだ自己中心性の強い幼児期でもあります。よって、協同で遊びや生活を展開することが難しい場合も多々あることを留意する必要があります。

子ども一人ひとりが、「一人でできないことが、みんなと一緒だからできた」「みんなから頼りにされ、役に立ててうれしい」などと感じられる活動を繰り返し経験できるような指導が求められます。

子ども同士の意見の相違やぶつかり合いが生じるなどの状況によっては、はじめのうちは保育者が仲立ちとなり、話し合いの機会や、役割やきまりをつくることも必要となります。このような経験を通して、子どもたちは自分の思いや意見を友達に伝えることや、自分の思いに折り合いをつけることを学びます。その際、保育者は一人ひとりの思いを受け止めて寄り添うことが大切です。

【学習のまとめ】

- 個の育ちと集団の育ちとの関連について理解したことを述べてください。
- １歳以上３歳未満の子どもの遊びのなかでみられる協同性の育ちについて、事例から理解したことを述べてください。
- ３歳以上の子どもの遊びのなかでみられる協同性の育ちについて、事例から理解したことを述べてください。
- 子どもの協同性を育むためには、その指導・援助において、どのようなことを留意する必要があるかについて述べてください。

引用文献

1）見坊豪紀『三省堂国語辞典 第八版［小型版］』三省堂、2021、p.377.
2）汐見稔幸・中山昌樹『10の姿で保育の質を高める本』風鳴舎、2019、p.28.

第 9 章

社会生活とのかかわり

本章の ねらい

子どもにとって、自分たちの暮らしている身近な地域の人々とお祭りや楽しい時間を過ごすことはうれしい体験です。子どもは、さまざまな人と出会うことで人とかかわる喜びを実感します。また、自分たちはたくさんの人々とつながっているのだという気持ちをもつことができます。幼児期のこのような体験は、その後、「人は一人では生きていけないのだ、支え合って生きているのだ」ということを知る基盤となっていくのです。

学習の ポイント

- 「保育所保育指針」や「幼稚園教育要領」には、「社会生活とのつながり」がどのように示されているのか学びましょう。
- 園生活のなかで、子どもたちは友達や保育者以外の人とのかかわりを経験します。３つの事例から、保育活動のなかで、子どもがさまざまな人と出会い、つながりを広げていくことを学びましょう。
- 地域には、子どもの遊びや子育てを支える人々や施設があります。事例を通して地域の子育て支援について学びましょう。

学習の準備

あなたが小さい頃に過ごしていた地域では、近所の人たちとの交流やかかわりはたくさんありましたか？　それとも少なかったですか？　子ども会や夏祭りなど、地域の人々とかかわることのできる機会や行事などについて思い出してみましょう。どのようなかかわりがあったか印象に残るエピソードをまとめて授業に臨みましょう。

第１節　家族から始まる人とのかかわり

1. 人とのかかわりの広がり

子どもにとって、人とのかかわりの始まりは家族や身近な養育者です。保育のなかで、家族のことを話題にしたり、家族を思いながら活動をしたりすることは、子どもが家族からの愛情を実感し、家族を大切にしようとする気持ちを育みます。

子どもは幼稚園や保育所等に入園し、園生活のなかで保育者や友達と親しみをもってかかわるようになります。さらには、給食を調理してくださる方やバスの運転手さんなど、園の職員の方々ともかかわります。

子どもと人とのかかわりは園内だけではありません。お散歩に行くときにあいさつをしてくれるおじさんなど、地域の方々へと広がりを見せるようになります。

例えば、小学校探検や高齢者施設訪問など、地域のさまざまな人々と交流の機会をもつことは、子どもの人とのかかわりを育てることにつながります。

2. 「幼児期の終わりまでに育ってほしい姿」、領域「人間関係」における「社会生活とのかかわり」

「幼稚園教育要領」の「第１章　総則」「第２　幼稚園教育において育みたい資質・能力及び「幼児期の終わりまでに育ってほしい姿」」には、以下のように記されています[1)]。

（5） 社会生活との関わり
　家族を大切にしようとする気持ちをもつとともに、地域の身近な人と触れ合う中で、人との様々な関わり方に気付き、相手の気持ちを考えて関わり、自分が役に立つ喜びを感じ、地域に親しみをもつようになる。また、幼稚園内外の様々な環境に関わる中で、遊びや生活に必要な情報を取り入れ、情報に基づき判断したり、情報を伝え合ったり、活用したりするなど、情報を役立てながら活動するようになるとともに、公共の施設を大切に利用するなどして、社会とのつながりなどを意識するようになる。

　また、「幼稚園教育要領」の「第２章　ねらい及び内容」の領域「人間関係」に関する内容のなかには、以下のことが示されています[2)]。

（13） 高齢者をはじめ地域の人々などの自分の生活に関係の深いいろいろな人に親しみをもつ。

　さらに、「幼稚園教育要領」の「第２章　ねらい及び内容」のなかの、領域「人間関係」に関する「３　内容の取扱い」には次のように記されています[3)]。

（6） 高齢者をはじめ地域の人々などの自分の生活に関係の深いいろいろな人と触れ合い、自分の感情や意志を表現しながら共に楽しみ、共感し合う体験を通して、これらの人々などに親しみをもち、人と関わることの楽しさや人の役に立つ喜びを味わうことができるようにすること。また、生活を通して親や祖父母などの家族の愛情に気付き、家族を大切にしようとする気持ちが育つようにすること。

　これら、「幼稚園教育要領」に示された事柄は、子どもと社会生活のかかわりについての記述です。
　以下、そのポイントについてまとめます。

① 家族を大切にしようとする気持ちをもつ

　幼児は、自分を育ててくれる養育者、兄弟など家族との日常生活のなかで、愛情や安心感をもつとともに、人に対する基本的信頼関係の基盤を築いていきます。
　園生活において、幼児が家族を大切にする気持ちをもつためには、幼児自身が家族から愛されていると実感できることが大切です。
　園生活のなかで、家族のためにプレゼントをつくるなど、家族のことに思いを寄せる活動や、家族を園に招いて一緒に過ごす行事を体験することなどは、幼児が家族の愛情に気づき家族を大切にしようとする気持ちにも通じます。

また家庭のなかで、「妹が泣いていたので、やさしくあやしてあげる」「食べた後のお皿を流しに運ぶ」など、幼児なりに家族のためにできることを実践することは、「人に役立つ喜び」にもつながるものです。

② 園生活のなかでさまざまな人々と出会う

子どもは入園をきっかけに、家族という小さな社会から、園の保育者や友達との出会いを経験します。保育者は子どもの気持ちを受け止め、安心して過ごせるように環境を整えたり、かかわったりします。子どもは「困ったことがあったら、先生が助けてくれる」「先生と一緒に遊ぶのが楽しい」という気持ちをもち、園生活に慣れていきます。子どもは保育者に対して安心感や信頼感をもつことで、さらに新しい環境にかかわろうという意欲が生まれ、興味・関心が広がるのです。

また、友達とのかかわりも子どもにとって大切な出会いです。生活や遊びをともにし、うれしい気持ち、楽しい気持ち、ときには悔しい気持ちなどを共感し合いながら子どもの仲間関係は広がっていきます。

園生活のなかで、子どもと人とのかかわりは保育者、友達だけではありません。給食の調理員さんから、「今日の給食はカレーライスよ。たくさん食べてね」と声をかけてもらったり、「みんなが畑で育てたジャガイモをお料理したわよ」と教えてもらったりすることもたくさんあります。そのようなやりとりのなかで、子どもは、「自分たちの園生活はたくさんの人から支えられているのだ」ということを実感するのです。

お母さんのお迎えが遅くなって寂しくなってしまったときに、園の事務室の先生とおしゃべりしながらお母さんを待っていた体験や、バスの運転手さんからコマ回しを教えてもらった体験など、子どもは自分を温かく見守ってくれる人々に出会うことで、人とのかかわりはさらに広がっていきます。

③ 地域の人々、高齢者とのかかわり

子どもは地域のなかで育ちます。園でホットケーキパーティーをするために、近所のスーパーに卵を買いに行ったり、避難訓練のときに、消防署の方を招いてお話を聞いたりすることで、自分たちの住む地域にさまざまな人々がいて、その人たちに支えられているということを知ります。

また、子どもたちの家族の形は、核家族化、小規模化、多様化といった特色をもっています。子どもが高齢者とかかわる機会も少なくなっています。そのような意味で、子どもが高齢者とかかわりをもつことができる機会をつくることは大切です。例えば、地域の高齢者を園にお招きし、けん玉やお手玉など伝承遊びを教えていただく行事を企画するなど、子どもと高齢者が触れ合うことは、子どもにとって貴重な経験です。子どもは、身近にいる人々とのかかわりを繰り返し、親切にしてもらったり優しくしてもらったりする体験から、人とかかわる喜びを感じます。その気持ちは、自分も何かしてあげたいという思いにもつながります。「消防署見学ではしご車に乗せてもらってとてもうれしかった。消防署のおじさんにはしご車の絵を描いてプレゼントしよう」など、自分にできることは何かを考えます。子どもが人の役に立つ喜びを感じることは、今後、人とかかわっていくうえで大切な経験です。

④ さまざまな人々についての情報に関心をもつ

子どもの興味・関心は、身近な人々たちだけではありません。「テレビでお父さんとサッカーのワールドカップを観たよ。シュートをしてかっこよかったよ」など、テレビやインターネットの情報にも関心をもっていきます。「戦争している国があるんだよ。子どもが逃げているのをテレビで観たよ」など、子どもたちには、情報として悲しいニュースも入ってきます。子どもは、さまざまな情報から、遠くにいる人々に思いを馳せることで、社会とのつながりはさらに広がっていくのです。

第2節 園生活を通しての人とのかかわり

では、具体的に子どもはどのように人とのかかわりを広げているのか、事例を通して学びます。

事例1

マツモトさんのケーキ

H幼稚園では2か月に1回、お誕生会を行います。ホールに集まり、全員でお祝いの会をした後、クラスに戻りケーキをいただきます。テーブルクロスを敷いて、お花を飾って、いつもと違うパーティーの雰囲気です。

お祝いのケーキはいつも卒業生のお母さん、マツモトさん（仮名）がつくってくれます。マツモトさんは、お菓子づくりの名人です。自宅でお菓子教室などもしています。お誕生会のたびに、子どもたちに食べやすい大きさのケーキを考えてきてくれます。季節に合わせて毎回ケーキが違います。例えば、4

月、5月は、いちごの季節なので、小さなかわいいいちごのショートケーキです。6月、7月は、涼しそうなフルーツゼリーがかわいらしくクリームで飾りつけされています。

お誕生会にいただくマツモトさんのケーキは、子どもたちにも大人気です。「今日のケーキは何かな？」と子どもたちの前で箱を空けて、ケーキを紹介すると、「ワー」と歓声が起こります。たまたま、お誕生会の日に熱を出してしまい、幼稚園をお休みしなくてはいけなかったイズミちゃんは、「マツモトさんちのケーキが食べられない」と、お家でとても残念がっていたそうです。

お誕生会のときに招待される保護者も、「今日はどんなケーキかしら」と楽しみにしてくださっています。

園で行われるお誕生会は、お祝いされる子ども、お祝いする子ども、保護者、保育者、皆がうれしい日です。保護者は、小さかったわが子が、お友達に囲まれて元気にすくすくと成長したことに喜びを感じます。ここまで、子どもを育ててきて、大変な苦労もあったことでしょう。時折、涙ぐむお母さんの姿もあります。

そのようなお誕生会のお祝いを、卒業生の保護者のマツモトさんは応援してくれています。子どもも、保護者も、保育者もマツモトさんの思いを受け止めながら美味しいケーキをいただきます。

園のお誕生会の行事を通して、子ども、保護者、地域に住む卒業生の保護者とのかかわりが広がっていきます。

【演習課題】

❶ マツモトさんは、子どもたちのためにどのような工夫をしていますか？

❷ 子ども、保護者、マツモトさんのかかわりについて事例をもとにまとめてみましょう。

❸ 課題１、課題２でまとめたことをグループで話し合ってみましょう。

事例2

デイケアセンターへの訪問

年長クラス

年長児の2学期に、子どもたちは月1回の頻度で地域のデイケアセンターに訪問に行きます。

デイケアセンターに行く日は、子どもたちはお弁当を早めに食べ、出かけます。デイケアセンターまでは歩いて25分くらいかかります。年長児は体力も充実し、この程度の道のりはしっかり歩けます。

デイケアセンターに到着すると、子どもたちは少し緊張をし始めました。

おじいさん、おばあさんたちはホールに丸くいすを並べて座って待っていてくださいました。なかには車いすに座っていらっしゃるお年寄りもいました。「こんにちは」とごあいさつをした後、スタッフからデイケアセンターはお年寄りが歌ったり、絵を描いたり、体を動かしたりして楽しく過ごす所だというお話をうかがいました。はじめに子どもたちはお年寄りと握手をかわしました。カズヤくんは、おばあさんと握手することに少し戸惑っていて、すぐに手が出ませんでした。子どものなかには、お年寄りと接することが少なく、真っ白い髪の毛や、少ししわしわの手を見て、驚いた子どももいました。

握手の後は、スタッフが準備してくださったボール運びのゲームをしました。そのあと、みんなが幼稚園で歌っている「とんぼのめがね」を歌い、おじいさん、おばあさんに折り紙でつくった花束のプレゼントを渡しました。子どもたちは「ぼくたちのプレゼント、おじいさん、おばあさん、喜んでくれたね」と満足そうな表情をしていました。

現在、核家族化もあり、子どもと高齢者がかかわることが少なくなってきています。なかには、高齢者とのかかわりをほとんどもたない子どももいます。子どもたちにとって、直接高齢者とお話ししたり、触れ合ったりすることのできる 事例2 のような体験はとても貴重です。おじいさん、おばあさんたちのゆっくりした動作や顔のしわ、手を握ったときの感触など、子どもにとって最初は驚きか

もしれません。しかし、高齢者との触れ合いを続けるうちに、子どもたちはおじいさん、おばあさんの温かいまなざしや、愛情を感じることができるようになってきます。

「今度は、何の歌を歌ってあげようか」「どんなプレゼントを持っていったら喜んでくれるかな」と考えるようになります。高齢者に親しみを感じるようになるとともに、自分にできることは何だろうと、人に喜んでもらううれしさを実感するのです。

【演習課題】

❶ 子どもたちにとって、デイケアセンターの見学をすることで、高齢者とのかかわり方にどのような変化がありましたか。

事例3

七夕フェスティバル

7月、横浜市港南台子育て連絡会主催「遊びにおいでよ！　七夕まつり」が駅前の商業施設で開催されました。地域の保育所や養成校を含む関連団体が参加し、七夕まつりを盛り上げました。横浜女子短期大学の学生は、七夕まつりに来た親子が楽しめるフォトスポットを制作しました。まずは、短期大学の授業時に七夕まつりのねらい・目的を伝え、学生一人ひとりにデザイン画を色鉛筆で描いてもらいました。どれも素敵なアイデアでしたので、学生のアイデアを組み合わせて１つのデザイン画を完成させ、それをもとに絵の具と折り紙を使用し、大きなフォトスポットをつくりました。また、フォトスポットの周りを折り紙の七夕飾りで装飾しました。コロナ禍ということもあり、フォトスポットのデザイン画を考える前に、間接的接触がないようなもの、園児たちが密集しなくても大丈夫なもの、例えば、顔出しパネル等ではないものや園児がクラスごとで写真を撮るときに前列の子どもが腰を落とし、かがむ姿勢になっても大丈夫なフォトスポットデザインを取り入れる等、配慮事項として伝えました。また、親子や少ない人数で写真を撮っても映える背景になるようなデザインを考えてほしいことも伝えました。

白峰保育園の年長組の子どもたちは、大きな吹き流しをつくりました。地域の保育所の子どもたちの作品とともに、商業施設の２階からダイナミックに装飾されました。

七夕フェスティバルの終了後、横浜女子短期大学の学生がつくったフォトスポットは、１週間ほど白峰保育園に飾られました。保育園のなかでも園児や保護者の方に七夕の雰囲気を楽しんでもらうことができました。

フォトスポット制作後、学生からは「大きな紙に色を塗り、折り紙で装飾をして大変だったが達成感がありました」「実際の会場へ行くと、子どもたちや親子で写真を撮っている姿を見てうれしかった」との感想がありました。

(事例執筆：横浜女子短期大学　兼子真理)

(写真提供：白峰保育園)

七夕祭りは中国から伝わった日本の伝統的な行事です。事例３は、地域の園の子どもたち、養成校の学生、それを支えまとめてくださった子育て連絡会の方々、みんなで盛り上げた七夕フェスティバルの事例です。コロナ禍のため、大人数で集まって行事を行うことが難しいという課題がありました。そのような状況のなかでも、アイデアを出し、子どもも保護者の方も一緒に楽しめるフォトスポットの制作に取り組みました。子どもたちは、広い会場を華やかにするために、大きな吹き流しを作りました。

地域で行われる年中行事やお祭りは、子どもも大人も一緒に楽しむことができます。子どもにとって、心弾む特別なものです。合わせて、地域の人との温かいつながりを実感することができる貴重な経験として子どもの心に残るものです。

【演習課題】

❶ 子どもと楽しめる年間行事について、どのようなものがあるか調べ、季節ごとにわかりやすく表を作成してみましょう。

❷ ❶で調べた行事のなかから１つ選び、子どもと地域の人と一緒に楽しむことのできるアイデアをまとめ、グループで発表し合ってみましょう。

第３節　地域のなかで育つ

1. 地域のなかで見守られて育つ
―公共施設や子育て支援の場―

現在、核家族化や地域のつながりの希薄化などにより保護者が子育てについてのアドバイスを受けたり、悩みを相談したり、助けてもらうことができにくくなっています。幼稚園、保育所、認定こども園等が、在園している子どもの保護者や地域の子育て支援の役割を果たすことは重要です。加えて、これら保育施設が地域にある図書館や公園等の公共施設や地域の子育て支援拠点と連携し、地域とつながっていくことも大切なことです。

事例４

どんぐりハウスのお話し会

Ｙ市には、各区に１つずつ公園内に設置された屋内型の遊び場「こどもログハウス」があります。子どもたちが木のぬくもりを感じながら、自由に集まり遊ぶことのできる施設です。こどもログハウスは子ども同士の交流の場であり、遊びを通して地域が子どもを育てる場になっています。

Ｋ区北公園内にあるこどもログハウスは、どんぐりハウスと呼ばれています。小学生を中心に未就学の幼児（保護者の付き添いが必要）から中学生までが利用できる遊び場です。午前中は、未就園の０歳から２歳くらいの子どもが保護者とやってくることが多く、午後になると幼稚園や小学校から帰ってきた子どもたちが集まってきます。

４月の火曜日、午前中のことです。どんぐりハウスには、５～６組の幼児とお母さんが集まっていました。どんぐりハウスの中で、滑り台をしたり、ボール遊びをしています。この日は月１回のお話し会が行われる日です。地域の朗読ボランティアグループのナオミさんとユカさんが担当してくださいます。午前11時になると、絵本コーナーに子ども６名お母さん４名が集まってきました。

ナオミさんが動かすパンダのパペットに「こんにちは！」とあいさつし、軍手でつくったたんぽぽの人形に合わせて手遊びを楽しみます。

絵本『くだものぱっくん』（真木文絵作、石倉ヒロユキ絵、岩崎書店、2008年）を楽しんだ後、お母さんと「いっぽんばし　こちょこちょ」とふれあい遊びをしました。

絵本『のりものなあにかな』（かきもとこうぞう絵、はせがわさとみ文、学研プラス、2018年）を読みながら、ユカさんは「次は何かな？」と子どもたちに質問します。救急車などさまざまな種類の乗り物が登場します。ブルドーザーが出てきたときは、「ちからもちそうだね」と感想を言葉にしていました。

大好きな『だるまさんが』（かがくいひろし作、ブロンズ新社、2008年）の絵本では一緒に転がったり、伸びたり、動きを楽しんでいました。

子どもたち、お母さん、朗読ボランティアのナオミさんユカさん、子どもも大人も６冊の絵本を楽しみ、穏やかな時間をともに過ごすことができました。

どんぐりハウスの絵本コーナー

どんぐりハウスのプレイルームには、ネットやはしご、地下迷路などがあり、室内でも子どもたちは十分親子で体を動かし、遊ぶことができます。また、スタッフは、子どもたちがやりたい遊びを自由にできるように見守っていてくれます。子どもたちにとってどんぐりハウスは心地よい居場所となっています。

また、就学前の子どもは保護者と一緒に来ることになっています。天候を気にせず、走ったり、ボール遊びができる場所があるということは、保護者にとってもうれしいことです。さらに、ここに来ることで、ほかの親子とのかかわりも生まれます。子ども同士のかかわりができたり、親同士も交流するきっかけが生まれます。事例にあるお話し会や季節のイベントは、親子にとっても日常に楽しみを与えてくれるものです。どんぐりハウスの取り組みは、子どもたちに楽しくて安全な環境を提供するとともに、地域の子育てを応援する役割を果たしています。

地域には、このどんぐりハウスのような遊び場、施設があります。保育者が地域の遊び場や施設について知ることは、保育の幅をより豊かにすることにつながります。

園の子どもたちと、このような場所に訪れてみたり、保護者に楽しく過ごせる遊び場や施設の情報を提供することもできます。また、地域の子育て支援に携わっている方々と交流をもつことで、保護者と地域の方々との連携を深めることができます。子どもたちが何を求めているのか、子どもたちにとって何が必要なのかを保育者だけでなく、地域の人々と考えていくきっかけとなるのです。

【学習のまとめ】

- あなたの住んでいる地域にある、子どもたちが楽しく遊べる公園や施設について調べてみましょう。実際にその場所に見学に行き、子どもたちの様子や保護者の様子などについて観察し、レポートにまとめてみましょう。

引用文献

1）文部科学省『幼稚園教育要領解説 平成30年３月』フレーベル館、2018、p.289.
2）同上、p.298.
3）同上、p.299.

参考文献

・小山義訓・岩倉憲男「こどもログハウス」『調査季報――特集／身近なまちづくり――地域施設を中心に』109号、横浜市、1991、pp.14-17.

第10章

遊びと人間関係の発達

本章の ねらい

本章では、子どもが遊びのなかで自然と他者と出会い、関心を向け、かかわり合いながら、多様な他者とのかかわりの経験を積み重ねていく様子と、その経験を支える保育者の援助について学びます。遊びは、子どもが自ら環境にかかわる自発的な活動です。保育者の援助には、直接的なかかわりだけでなく間接的なかかわりもあります。人・物・場の視点から、遊びを通して他者とのかかわりを深めていく子どもの姿をとらえていきましょう。

学習の ポイント

- 遊びのなかで、子どもが他者と出会ったり気づいたりする姿を読み取り、そのままの自然な姿を大切にしながら、子どもの関心をつなぐような環境を通した援助を考えてみましょう。
- 子ども一人ひとりの思いやイメージが、刺激し合い、絡み合いながら遊びが豊かになる様子と、そのようなかかわりを支える援助について考えてみましょう。
- 遊びのなかで、子ども同士がさまざまにかかわり合い、人とかかわる力を発揮したり身につけたりする姿を読み取り、その育ちを支えるために必要なことについて考えてみましょう。

学習の準備

課題

1 あなたが実習等で見たりかかわったりした、子どもが遊ぶ様子、または本章に掲載した事例について、登場する子どもや保育者の姿を書き出し、それぞれどのようにかかわっているのかを読み取ってみましょう。

2 1について、玩具や道具、素材や机やマット等の物的環境について書き出してみましょう。

第1節 遊びを通した他者との出会い

子どもにとって、十分に遊ぶことはとても重要です。子どもは、自分が興味関心を抱いたことに自分からかかわり、確かめたり試したり挑戦したりします。そして、その過程でさまざまな人や物と出会い、かかわり方を知り、かかわりを広げ、深めていきます。保育者は、子ども自身が育っていくこの過程をよく見て、ときには見守り、ときには助けたりします。

1. 遊びを通した他者との出会い

事例1

ちょうちょ〜人から人へ〜

幼稚園3歳児クラス

入園式翌日、初めて保育室で過ごす日のことです。タカヤ君は保育室の棚に置かれたぬいぐるみを動かして遊んだり、別のぬいぐるみを取りに行く途中に置かれていたペンとぬりえを見つけて塗るなどして遊んでいました。担任が色画用紙で持ち手の棒のついたちょうをいくつかつくると、タカヤ君は受け取って、手に持って部屋の中を歩き始めます。そのうち、近くにいた子どもの頭にそっとちょうを乗せ、また歩いて別の子どもの頭に乗せ、歩いていきました。

写真10-1 ちょうを手に持って歩く

この日タカヤ君は、さまざまな環境に触れながら初めての場を知ろうとしていたのでしょう。ぬいぐるみやペンやぬりえなどの、おそらく経験したことがあるであろう身近な玩具や道具は、タカヤ君がどのように過ごせそうかを知るための助けとなったと考えられます。担任がつくったちょうも、タカヤ君が知っていてイメージをもちやすいものだったのでしょう。新しい環境、さまざまな物や人を、タカヤ君なりに知ろうとする思いと、ちょうのイメージがマッチして広がり、ささやかな他児とのかかわりになったのだと考えられます。

この場面では、タカヤ君と他児の間に、顔を見合わせたり言葉を交わしたりといった、明確なかかわりはありません。けれど、確かにその場にいる他児に関心を向け、出会い、その存在を自ら感じる大事な経験となったことでしょう。大人はつい明確なかかわりを期待してしまいがちになりますが、このような自然な行動のなかで、他者に触れ知っていく子どもの姿があります。

2. 自分の思いと異なる他者の思いに触れる

子どもたちは、それぞれの思いやイメージをもって遊んでいます。そして、遊びのなかでほかの子どもの思いやイメージと出会い、それが合わさって膨らむこともあれば、ぶつかり合うこともあります。子どもがほかの子どもの思いに触れる大切な経験です。

事例2

電車の進行方向　　**保育園2歳児クラス**

アオイ君（２歳10か月）とレン君（２歳７か月）は同じ木のレール上の少し離れた位置で、それぞれに電車を走らせていました。ところが、進行方向が向き合っていたため、そのうち電車がぶつかりそうになってしまいました。あともう少しでぶつかる、というところで、二人はしばらくじっと顔を見合わせます。お互いに少し進行方向に電車を進めようとしましたが、レン君が逆方向に走らせて遠ざかると、アオイ君も逆向きに走らせていきました。

ぶつかり合いになるのではないか、どうするのかな、と気になる場面かもしれません。ここでは、お互いに進行方向よりも走らせること自体を楽しんでいたのかもしれません。いずれにしても、自分の思うままに遊んでいるなかで、他児の思いに触れる場面です。自分の思いを押し通そうとすることもあれば、相手の思いを受け入れることもありますが、自分とは異なる思いがあることに気づくことになるでしょう。このとき土台となるのは、こうして遊びたいという自分の思いです。自分の関心や遊びたい思い、遊びのなかでのイメージ等があるからこそ、他児の思いに気づくことができると考えられます。

3. 子ども同士の出会いと環境構成

人や物などの環境は、子どもが他児に関心を向けたり、他児とかかわったりするきっかけとなります。保育者は、子ども同士が出会い、かかわりを築く過程をイメージしながら、環境を構成していきます。

❶ 保育者が子ども同士をつなぐ

保育者の周囲に複数の子どもが集まって、それぞれに保育者とやりとりをすることで、子ども同士が“同じ保育者とのかかわり”を共有する経験となります。表面的には、子ども同士が直接的にかかわり合っていなくても、その場を共有する雰囲気が感じられ、他児への関心につながっていきます。

例えば、子どもが保育者に「どうぞ」とままごとのコップを持ってきてくれて、保育者が飲んだ真似をして「ごちそうさま」とコップを返すといったやりとりをすることがあります。複数の子どもが同じように保育者と「どうぞ」「ごちそうさま」のやりとりを楽しむとき、やりとりは子どもと保育者との間で行われますが、子ども同士も、同じ場で同じ保育者と同じようなやりとりを共有することになります。

また、保育者と直接的なやりとりがなくても、例えば、子どもたちがリラックスして同じような心地よさを感じながら、保育者に目を向けたりすることで、他児との場を共有が感じられることもあります。このとき、保育者の存在は、子ども同士をつなぐ土台となります。子ども同士の直接的なやりとりがなくても、保育者を介して一体感が生まれたり、他児の存在を身近に感じたりすることになるでしょう。保育者が“その場にいる”こと自体が、子どもの安心感にとっても、子ども同士のかかわりを育むためにも重要といえます。そのためには、保育者が子どもにとって安心できる存在になっていることも必要です。また、「ほら、○○ちゃんと一緒に遊ぼう」等と、子ども同士の直接的なかかわりを急がず、今子どもが感じている心地よさや楽しさに共感することが大切です。

❷ 物が子ども同士をつなぐ

また、同じ物に興味をもつ子ども同士が、その物を介して出会い、その場を共有することもあります。

事例3

かぶとむしの幼虫いるかな 　**幼稚園3歳児クラス**

入園して２週間目のことです。タクミ君は、登園してゆっくりと支度をしながら、部屋全体を歩いたり見渡したりした後、かぶとむしの幼虫がいる飼育ケースを見始めました。ケースは子どもが見やすいように出入口付近の子ども用の机の上に乗せてあったため、タクミ君はケースを床に下ろしてふたを開けて見ています。保育者がケースをテラスに出すと、タクミ君、ハナちゃん、フウカちゃんがビニール手袋をつけて、土を触ったり幼虫を探したりし始めました。ハナちゃんはフウカちゃんがすることをじっと見たり、話すことを同じように真似して言ったりしていて、関心があるようです。タクミ君はハナちゃんやフウカちゃんのほうをあまり見ず、土を掘っています。そのうち、フウカちゃんが幼虫を見つけて「いた！」と言うと、タクミ君も一緒に幼虫を見ます。そしてフウカちゃんが「ほかにもいるかな」と、横から覗くと、タクミ君も同じように横から覗いたり、持ち上げて下から見たりしていました。タクミ君とフウカちゃんは顔を見合わせたり言葉を交わしたりはしていませんが、その場を共有しているようです。

【演習課題】

❶ タクミ君にとって、かぶとむしのケースを３人で見ることは、どのような経験となったと考えますか。

❷ この場面で、子ども同士でかぶとむしのケースを共有することができた要因として考えられることをあげてみましょう。

❸ かぶとむしのケース以外にも、出会ったばかりの子ども同士がその場を共有できるような物はどのような物があるでしょうか。

ここでは、かぶとむしの幼虫の飼育ケースが、子ども同士をつなぐキッカケとなっています。このように、子どもが関心を向けそうな環境を用意しておくことも、他児と出会ったりかかわったりするための援助となります。事例1で見た、保育者のつくったちょうのように、身近でイメージしやすい物もそのような援助の１つといえます。

また、保育者はかぶとむしの幼虫の飼育ケースを、子どもが見やすく手に取りやすい場所に置いていました。そして、子どもが動かしたり、ふたを開けたり、触ったりすることも認めていて、様子を見てテラスに場所を移していました。子どもたちはテラスで十分にかぶとむしのケースにかかわることができ、その経験を子ども同士で共有することができたのです。

子どものかかわりをイメージして環境を設定し、子どもの実際の姿に合わせて整えたり変えたりするような保育室や園庭等の環境構成は、子どもの人とのかかわりの観点からも重要です。

写真10-2 かぶとむしの飼育ケースを見る

写真10-3 ドア付近の飼育ケース

第2節 人とかかわる喜び

1. 相手がいるから感じられる楽しさ

一言で遊びといっても、一人で遊んだり、少人数で遊んだり、大人数で遊んだりといろいろです。年齢が高くなるほど、大人数で遊ぶように発達すると思うかもしれませんが、そうではありません。一連の遊びのなかで、人数が多くなったり少なくなったりすることもあります。そして、そこでの遊びやすさや感じられる楽しさも異なります。皆さんも、やりたいことによって、一人でやってみたり、特に身近な友達と少人数で楽しんだり、多くの友達と集まって行ったりと、その形態を選ぶのではないでしょうか。

一人でじっくりと好きな遊びを楽しむことは大切です。一方で、一人では味わえないこともあります。例えば、おしくらまんじゅうを思い浮かべてみてください。一人で壁を相手におしくらまんじゅうのように身体をぶつけても、自分が込めただけの力が返ってくるだけですが（しかも、硬い壁だと痛そうです）、人と楽しむおしくらまんじゅうでは、自分の力と相手の力が混じり合って返ってくることがわかるでしょう。身体ごと相手の存在を感じられる遊びであり、相手がいるからこそ感じられる楽しさがあります。

子どもは、一人で、少人数で、大人数で、保育者と、他児と…さまざまな遊びを楽しみながら、自分も含めた人とのかかわりを経験していきます。

2. 友達とのかかわりで生まれる遊びの展開

事例4

おうちごっこ 保育園3歳児クラス

４人の女児が保育室の半分程のスペースをおうちに見立てて遊んでいます。段ボールの箱の中で皆で横になり、「朝よ！」という言葉で皆が起きて箱の外に移動し、段ボールでできた囲いの中で「朝ごはんを食べましょう」と朝ごはんを食べ…という具合です。皿や食材等の小道具はありませんが、４人で一緒に場所を移動しながら１日の生活を順になぞることが楽しいようでした。何度か繰り返して盛り上がっていましたが、ナナミちゃんが「お風呂に行きましょう」と新しい提案をし、皆で移動しようとして立ち止まりました。どうやらお風呂の場所は決まっていなかったようです。それまで軽快に繰り返し盛り上がっていた雰囲気が少ししぼんだように見えたとき、ミクちゃんが部屋の隅を指差して「あ、ここにお風呂があるわ」と言って移動して寄り合って座りました。その様子を見ていた保育者が風呂敷を側に置くと、次にお風呂の順になったときには風呂敷を敷いてその上に座ってお風呂にしていました。

その後、何度か楽しそうに繰り返していると、朝ごはんを食べて出かけることになり、モモカちゃんが棚に置かれていた買い物バッグを持って行きました。すると、それを見たほかの３人もバッグを持って歩き、今度は移動中に絵本やぬいぐるみ等をバッグに入れて、おうち（前半はお部屋と言っていた段ボールでできたトンネル状のスペース）に帰り、持ち帰った絵本を一緒に読んだりぬいぐるみで遊んだりし始めました。すると、ナナミちゃんは紙とペンを持ってきて、そのスペースで皆で見合いながら絵を描き始めました。

【演習課題】

❶ この遊びの楽しさはどのようなものだったのか考えてみましょう。

❷ この遊びで、友達・保育者・物はそれぞれどのような意味をもっていたのか話し合ってみましょう。

❶ 同じテンポ、同じ動き、同じ物を持つ楽しさ

日頃から仲のよい４人が、なじみのある１日の生活をともに繰り返しています。共通のイメージをもち、同じ流れで同じ場所を回ることは、心地よい一体感や高揚感を得られる遊びとなっていたことでしょう。また、途中モモカちゃんがバッグを持つと、皆同じようにバッグを持っていきます。同じ物を持って同じように動くことが楽しく、仲間意識を高めることにもつながっていることが想像できます。

同じテンポ、繰り返しのパターンを共有して遊ぶことは、子どもにとって自分のペースで安定感をもって遊べたり、人とかかわる心地よさを感じられると考えられます。関心をもった友達と“同じ”ということを楽しむ姿はさまざまな場面で多く見られます。同じ腕バンドをつくって身につけて見せ合ったり、同じドレスを着て一緒に踊ったり、同じフレーズを繰り返したり、などです。よりつながりが感じられ、仲間意識をもつとともに、共通のイメージをより強めることにもなるでしょう。後から入ってきた子どもにも、同じ物を持つように伝えたりする姿も多く見られ、同じ物自体が仲間の証の役割をもったり、後から入った子どもの遊びへの参加を助けることになったりもします。

❷ 友達のアイデアやイメージから遊びが広がる

事例では、何度か同じ流れを繰り返した後に、それまで出てきていなかった“お風呂に行く”という動きが加わります。それによって、それまでテンポよく展開していた遊びが、いったん停滞しかかります。共通でもてていた見通しが揺らいだのです。そして、その停滞を打開して遊びを続けようと、ミクちゃんがはっきりとお風呂の場所を示してくれたことで、遊びが少し変化しながら続いていきました。

また、その後バッグを持つ行動が加わり、さまざまな物を部屋に持ち込んで部屋で遊ぶという遊びに変わっていきます。それぞれの子どものアイデアと、それを受け入れる子ども同士のかかわり合いによって、遊びが広がっていることがわかります。

安定していた遊びの揺らぎでもあり、揺らぎを経てイメージを実現していく遊びの過程といえます。そして、子どもたちの、友達とのかかわりを楽しみ遊びを継続しようとする思いが重要であることがわかります。

3. 子ども同士のイメージの共有を助ける環境構成

事例5

やっぱりレンガのおうちをつくろう 幼稚園4歳児クラス

この頃クラスで「3匹のこぶた」を楽しんでいたこともあり、3～4人の子どもたちがレンガの家をつくることになりました。保育者が小さめの同じ大きさの段ボール箱を複数用意すると、子どもたちはその箱をレンガに見立てて、重ねて家をつくり始めます。けれど、箱が軽くて倒れやすく、箱が散らばってしまい、そのうち子どもたちは箱を投げたり、重ねて倒したりするようになります。しばらくすると箱が散乱したまま、子どもたちは各々に踊ったり、寝転んだりし始めました。

しばらく様子を見ていた保育者が、さりげなく、散らばった箱を隅に2段で並べて置きました。するとそれに気づいた子どもたちは、また箱を重ねてレンガの家をつくり始めました。今度は、ガムテープでとめてつくっていき、倒れずにレンガのおうちが少しずつできていきました。

【演習課題】

❶ 保育者はなぜ、さりげなく、箱を2段で並べて置いたのでしょう。

❷ 子どもたちのその時々の思いやイメージの変化と、その要因について話し合ってみましょう。

この事例では、クラス皆で絵本を楽しんだ経験から、「3匹のこぶた」という共通のイメージをもち、遊びに再現しようとしています。一斉での活動が、思い思いの遊びを豊かにする役割を果たしていることがわかります。

また、保育者が子どもたちのイメージを理解して、レンガに見立てられるような箱を用意しています。子どものイメージに合った環境を用意することで、レンガのおうちをつくろうという子ども同士の意欲やイメージがさらに明確になることが考えられます。

一方、子どもたちは、箱がうまく積み重ならないことで、イメージが揺らいでしまった様子でした。加えて、箱がバラバラと落ちて落ち着かない雰囲気となったことも、子どもたちが遊びが見つからない様子につながったようです。

けれど、保育者がレンガを重ねるかのように箱を並べて置くと、レンガのおうちづくりが再開しました。子どもたちのなかにレンガのおうちがつくりたいというイメージが残っていたのでしょう、そして並んだ箱がそのイメージをもう一度喚起したのだと考えられます。

このように、子どものイメージに合った環境を構成することは、子どものイメージの支えとなり、子ども同士がイメージを共有する助けとなります。ここで重要なのは、まず子どもの興味・関心やイメージがあるということです。子ども自身がもっているイメージに合うからこそ、そのイメージが明確になったり、膨らんだりするのです。子どものイメージを読み取り、そのイメージが膨らむような、刺激されるような、または関心をもったほかの子どもにも伝わるような環境を構成することが重要です。

第３節　遊びから育まれる人とかかわる力

1. 遊びを通した人との調整

事例６

友達と一緒にオンステージ　　**保育園３歳児クラス**

ナツミちゃん（２歳11か月）が、おもちゃの髪飾りをたくさん頭につけて、部屋の隅にある牛乳パックでできた細長の台に乗り、流行りのアニメの歌を歌い始めました。身振り手振りを大きくしながら、アニメの主人公になりきっている様子です。しばらくすると、それに気づいた仲良しのカナちゃん（３歳３か月）がやってきて、台に上がって隣に立ち、同じく手を伸ばしたり身体を斜めに伸ばしたりして踊りながら、声を合わせて歌います。そこへ、ナツミちゃん、カナちゃんと仲良しのサオリちゃん（２歳11か月）が走ってやってきました。サオリちゃんが台に近づくと、３人とも足元を見ます。そしてカナちゃんは、少しずれてナツミちゃんとカナちゃんの間の場所を空け、サオリちゃんはカナちゃんを中央に戻して台に上がり、カナちゃんの横に並びました。

その後、３人は並んで前を向いて歌い始めましたが、サオリちゃんが、歌っていた歌と違うメロディを歌い始めると、ナツミちゃんとカナちゃんがちょっと不思議な表情で顔を見合わせ、サオリちゃんを見ます。少しの間３人で止まった後、誰からともなくまたアニメの歌を歌い始めました。はじめよりはゆっくりとしたテンポで声を合わせながら、楽しそうに歌い続けていました。

この３人は、月齢も近く、１歳児クラスの頃から近くにいることが多くありました。これまでの経験から、一緒に遊ぶと楽しいという気持ちが育っているのでしょう。友達が、楽しそうになりきって歌ったり踊ったりする姿を見て、一緒に遊ぼうと加わります。

先に２人が台に乗っていて、その後サオリちゃんが加わろうとしたところで、３人とも乗るためにはお互いに場所の調整が必要であることに気づき、瞬間的に足元を見合い、調整を図っています。また、それまで歌っていた歌と異なるメロディをサオリちゃんが歌い始めると、お互いに様子を見合っています。自分のイメージと、相手のイメージとの違いに気づき、聞き合って、ともに歌えるように調整していることがわかります。

この場面では、子ども同士の会話はありません。けれど、相手の動きを予想したり感じ取ったりしながら、お互いに一緒に遊ぶために、自分の行動を変化させているのです。このように、子どもは一緒に遊ぶと楽しいという経験や、一緒に遊びたいという思いをもって、相手とのかかわりのなかで自分を調整する経験を積み重ね育っていきます。

2. 自分と相手の思いの違いと自分の気持ちの調整

子ども同士の思いが異なり、ときにはぶつかり合いになることも少なくありません。つくりたいものが違った、伝えたいことが伝わらなかった、お互いにイメージしていた使い方が違ったなど、それぞれの思いがある分、また明確であるほど、折り合えなくなってしまうこともあります。

事例7

その色じゃなかった！

保育園5歳児クラス

遠足で動物園に行った数日後のことです。4～5人の男児がいすを組み合わせて囲いにして、動物園をつくっていました。ソラ君は、保育室に置いてあった動物園のマップを見ながら「こっちがゾウで、こっちが…」と確認しながらつくっています。ほかの子たちも同意しながら囲いをつくったり、自分で決めてつくったりしています。他児が決めた囲いについて、時折ソラ君は「そこじゃないよ」と言ったりしましたが、他児は違うと聞くと「わかった！」と納得したようにすぐ動かしていました。なかには、動物になりきって囲いの中に入っている子どももいます。

ある程度囲いができてきたところで、動物園の看板をつくることになり、大きめの段ボールや包装紙を使って、ソラ君とリョウ君がマップを見ながらつくり始めました。しばらくして、ソラ君がリョウ君に「何やってんだよ！」と押し、リョウ君は驚いてソラ君を見ます。ソラ君は「違うじゃん！」と強い口調で言い、リョウ君が緑色で塗っていた部分を赤で塗り始めました。リョウ君は怒って「何が違うんだよ！」と押し返します。ソラ君が、看板の文字は赤だと言うと、リョウ君は見ていたマップは緑だと言います。ソラ君は緑色で書かれたマップを見て、近くにできていたいすの囲いを崩し、テラスに出ていきました。その間、ほかの子どもたちはソラ君とリョウ君の様子を気にするように見ながらも、動物園の囲いをつくり続けていました。

その後、保育者がテラスで座っているソラ君の隣に座り、「色が違ったの？」と聞くと、うなずいて「赤だった」と小さな声で言い、部屋の中を少し見ました。保育者はしばらくしてその場を離れ、ソラ君はその後もじっとしていましたが、部屋に戻って、看板を緑で塗り始めました。リョウ君は看板から離れて囲いの中に入っていましたが、また一緒に看板を勢いよく塗り始め、ソラ君も同じように勢いよく塗っていました。

動物園の入り口の看板は赤色で描かれていて、ソラ君はそれをイメージしていたようでした。一方でリョウ君が見ていたマップは緑色であり、それを描こうとしていました。

【演習課題】

❶ ソラ君の思いとリョウ君の思いをそれぞれ考えてみましょう。

❷ あなたが保育者でこの場に居合わせていたとしたら、どのようにかかわりますか。そしてそれはなぜですか。グループで意見交換をしてみましょう。

❶ 自分の思いと相手の思いに気づく

ソラ君とリョウ君には、それぞれの思いやイメージがあったことがわかります。そして、おそらくそれぞれ自分のイメージを認識もしていたように思います。一方で、自分とは異なる相手のイメージがあることは、意識していなかったことでしょう。

自分のイメージと異なる行動を見たときに、「違う！」と思って主張することで、ソラ君は自分のイメージを明確に意識したことでしょう。そして、リョウ君も自分のしようとしたことを認識したと考えられます。

また、この事例では、お互いの思いとその理由まで理解して、そのときのお互いの気持ちの動きまで感じ取っているように見えます。自分と異なる思いをもつ相手とぶつかり、自分の思いを主張し、相手の主張に触れることは、人とのかかわりを深めていく大事な機会となるのです。

❷ 自分の気持ちを立て直す

ソラ君は、テラスに出ていく時点ですでにリョウ君のイメージに理由があることを知りました。戻ってきてからソラ君がリョウ君の塗っていた色で塗り始めたことからも、リョウ君の主張に納得したのではないかと考えられます。

だからといって、すぐに気持ちが切り替えられるものではないということがわかります。このようなとき、大人は早くに気持ちを切り替えて解決を求めてしまうことがありますが、この事例では、時間をかけて自分のタイミングで立て直すことに意味があったと考えられます。

また、その後また一緒に塗り始めましたが、「ごめんね」という言葉は出てきません。「ごめんね」という言葉がなくてもお互いを気にかけ、一緒に勢いよく塗ることで受け入れ合っていることがわかります。

お互いの思いがぶつかり合ったとき、ただ我慢して相手の言うとおりにしたり、自分の思いを押し通そうとしたりするのではなく、自分の思いやイメージを認識し、相手の思いやイメージを知り、お互いに調整をする、折り合いをつけることは重要です。そのためには、自分の思いに気づき、同時に相手の思いに気づくような機会や時間が大切なのです。

【学習のまとめ】

- 学習の準備で書き出した人について、それぞれの思いやイメージはどのようなものだったでしょうか、書き入れてみましょう。また、物的環境について、子どもたちの遊びにどのように影響するものと考えられるか書き入れてみましょう。

- 本章の事例を１つ選び、人とのかかわりの観点と、物とのかかわりの観点から、子どもにとってどのような意味があったかを説明してみましょう。

第 11 章

人とかかわる力を育む指導計画の作成

本章のねらい

保育や教育という営みは、子どもの育ちを願う保育者の計画的な取り組みによって行われる意図的な活動です。それぞれの園には「子どもの育ちの方向性」を示した保育の計画が作成されています。本章では、幼稚園教育要領や保育所保育指針に記された計画に関する基本的な考え方を学びます。加えて、実習中、学生の皆さんが経験すると思われる、指導案の作成方法を学びます。

学習のポイント

- これまでの学校生活で、計画を立て物事に取り組んだことがあると思います。保育の場ではどのような計画を作成するのでしょうか。まずは、計画を作成することの意義について学びます。また、大別すると 2 種類の計画がありますが、それぞれの計画の特性について理解しましょう。
- 子どもの遊びや教材を通し、友達とのかかわりや、かかわりを通してどんな経験をしているのか話し合ってみましょう。調べた教材も紹介しましょう。
- 第 1 節、第 2 節で学んだことを参考に、指導計画を作成します。計画作成にあたっておさえておかなければならないポイントについても理解しましょう。

学習の準備

本章を学ぶにあたって、次の点をまとめて授業に臨みましょう。
あなたは、家庭での生活をどのように過ごしていますか。次の週末のあなたの生活（午前９時～12時までの３時間）を少しだけ意識して、表にまとめてみましょう。
ねらい
「　　　　　　　　　　　　　　　　　　　　　　　　　　　　」

時間	予定される活動	活動内容に対する留意点
9：00 12：00		

ねらい…３時間内の過ごし方に対して大事にしたいことをまとめましょう。
予定される活動…どんなことをして過ごすのか時系列にしましょう。
活動内容に対する留意点…予定される活動に対して気をつけたいことを記入します。
※なるべく具体的に記入しましょう。

第１節　指導計画作成の基本

1. 計画とは

学習の準備で、あなたの週末の予定をまとめましたが、意識することであなたの気持ちや行動に変化はありましたか。これからの活動を予測し整理することも、計画を立てるという行為です。

計画という言葉を辞書で調べてみると、「事を行うにあたり、その方法や手順などをあらかじめ考える事。その案、もくろみ、プラン」とあり、使い方として「旅行を計画する」「計画を立てる」などが記されています。

日常生活においても計画を立て行動する場面はありますが、幼稚園、保育所、認定こども園など保育の場ではどのようにしているのでしょうか。保育という営みは、子どもの豊かな経験や健やかな育ちを支える意図的な教育の場です。「こんな子どもに育ってほしい」「こんなことができるといいな」といった子どもに対する思いや願いがあります。思いや願いを達成するためにはどんな環境構成をすればよいか、教材を準備すればよいか、活動の展開方法なども保育者は考えるでしょう。この一連の行為が計画を立てるということです。

幼稚園や保育所、認定こども園には、それぞれ２種類の計画があります。幼稚園では「教育課程」と「指導計画」という計画が、保育所と認定こども園には「全体的な計画」と「指導計画」２種類の計画があります。まずは、これらの計画の特性を理解しましょう。

2. 教育課程・全体的な計画

表現は異なりますが、教育課程と全体的な計画は同じ役割をもつ計画書です。幼稚園教育要領の「第１章　総則」の「第２　教育課程の編成」には「幼児の心身の発達と幼稚園及び地域の実態に即応した適切な教育課程を編成するものとする」と記されています。教育課程を編成するにあたって押さえておきたいことは、第２章に示された「ねらい」と「内容」を理解しておくことが大切です。また、幼児期の発達特性や、入園から就学に至るまでの長期的な視点で発達を見通す力などが欠かせません。

一方、保育所保育指針では「第１章　総則」の「３　保育の計画及び評価」に「子どもの発達過程を踏まえて、保育の内容が組織的・計画的に構成され、保育所の生活の全体を通して、総合的に展開されるよう、全体的な計画を作成しなければならない」と記されています。幼稚園と同じように、保育の方針や目標、発達理解、長期的な見通しをもつという点では、保育所も認定こども園においても共通です。「全体的な計画」が保育所保育の全体像を包括的に示したものであるという点では、食育計画、保健・安全計画なども含まれます。

教育課程、全体的な計画とはどのような機能をもつ計画でしょうか。教育や保育機関では、計画のことをカリキュラムと表現することがあります。カリキュラム（curriculum）という言葉は、ラテン語のクレーレ（currere）を語源とし、スタートからゴールまでの走路のことを意味します。教育課程、全体的な計画ともにスタート、つまり、入園からゴールである卒園までの長期的な期間の計画であることを表します。

3. 指導計画

指導計画は、教育課程や全体的な計画をもとに、具体的な保育のねらいや活動内容、環境構成、指導の手順や方法などを予測して作成されます。原則として、対象とする子どもの実態、家庭や地域の実態、園環境などの条件を考慮しクラス担当者が作成します。教育課程や全体的な計画は、各園における保育の設計図であるのに対し、指導計画は各クラスにおける保育実践の設計図ともいえます。

指導計画は、その目的や保育の考え方などによって多様な計画が作成されます。ここでは、一般的に作成されている指導計画について紹介します。

【長期的な指導計画】

・年間指導計画…４月に担当した子どもの１年後の育ちの姿を予測して計画を作成します。年間目標達成に向け、１年間の発達過程を中心に、そのときどきに体験できる遊び、自然事象や行事、健康・安全管理などを加え、１年間の見通しをもち保育実践をしていくための計画です。

・期間指導計画…長期の休暇を生活や発達の節目としてとらえた学期や四季を考慮した中期的な計画です。１学期、２学期や１期、２期といった一定の期間の計画です。

・月間指導計画（月案）…月ごとに示した指導計画です。子どもの姿から活動を予測し、遊びの環境や保育者の援助などについて具体的に予測します。前月の子どもの実態を踏まえ、次月の計画を作成します。

【短期的な指導計画】

・週の指導計画（週案）…１週間を単位とした指導計画です。子どもの具体的な遊びの様子と、その後の活動予測、その時期に接することのできる自然事象を取り入れることができます。

・１日の指導計画（日案）…登園から降園までの保育活動を予測した指導計画です。実習生が指導実習（責任実習）を行う際作成されることが多い指導案です。

【その他の指導計画】

・個別指導計画…個々の子どもの発達や特性に応じた指導計画です。特に、乳児や発達課題をもつ子どもの指導計画として作成されます。

・異年齢保育指導計画（縦割り保育）…多様な年齢の子どもが、ともに生活することで得られる学びを大切にした指導計画です。

第2節 教材研究の方法

1. 保育内容「人間関係」の基本

すでに皆さんは「幼児期の終わりまでに育ってほしい姿」や保育内容「人間関係」に記された事項について学んだことと思います。教材研究に取り組む前に復習しておきましょう。「幼児期の終わりまでに育ってほしい姿」のうち、人間関係に関する事項は「自立心」「協同性」「道徳性・規範意識の芽生え」「社会生活との関わり」が該当します。これらの項目は、多くの場合、人とのかかわりを通して育まれます。子どもたちにとって人間関係を学ぶ場は、園生活のなかで展開される遊びを中心とした活動の場から生み出されます。

2. 遊びと人間関係

写真11-1、写真11-2、写真11-3はどんな遊びをしているのでしょう。遊びがどのように展開されていると思いますか。写真から遊びの様子を読み取り、あなたなりの遊びのストーリーを考えてみましょう。

写真11-1

写真11-2

写真11-3

では、この遊びがもっと楽しい遊びとなるよう、子どもたちに、どのような環境を準備しはたらきかけをしますか。この遊びの続きを考え、まとめましょう。

3. 絵本を通して考える人間関係

絵本は、子どもたちにとって身近に手にすることのできる素材です。次に紹介する絵本『わたしも　いれて！――ふたりで　あそぼ、みんなで　あそぼ』（加古里子、福音館書店）は、一人遊び、仲間遊び、集団遊びの楽しさを伝える絵本です。

いっちゃんが、ひとりであそんでいると「ぼくもいれて」と　にのちゃんがきました。ふたりであそんでいると「わたしもいれて」と　みっちゃんがきました。次々に仲間が増え遊びも変化していきます。最後に先生や他のあそびをしていた仲間も入りみんなで楽しくあそびます。

【演習課題】

❶ あなたは、実習等で出会った子どもと、どんな遊びをしたいですか。なるべ

くオリジナルな遊びを考えてみましょう。例えば「だるまさんが転んだ」を「ピカチュウがジャンプした」というように知っている遊びを応用してもいいですね。

〈遊びの名称〉

子どもが、共感し繰り返し読みたくなる絵本のなかには、「いっしょにあそぶってたのしいね」「どうすればいいの」など、人とのかかわりを広げ、豊かにしていくためのヒントや気づきが隠されています。

次に紹介する絵本『にじいろのさかな』（マーカス・フィスター作、谷川俊太郎訳、講談社）は、多くの人に親しまれている絵本です。

キラキラ輝く銀のうろこと、にじいろのうろこをもった世界一美しい魚がいました。みんなにうらやましがられ、仲間の魚から「１まいわけてちょうだい」とお願いされますが、大事なうろこです。誰にもわけることはできません。そのうち誰からも相手にされなくなります。一人ぼっちになったにじいろの魚は大切なことに気づきます。そして、自慢のうろこを、みんなに分け与えます。うろこはなくなりましたが、それよりももっと大切なものを手に入れます。

❷ 皆さんも「人間関係」をテーマにした絵本を調べて、紹介しましょう。

タイトル	作　者	出版社	あ ら す じ

第3節　指導計画の作成

1. 指導計画作成のポイント

① 発達を理解する

まず、指導計画作成のポイントを押さえておきましょう。指導計画は、目の前にいる子どもの実態に即して作成されます。ただし、子どもの発達、興味・関心、遊びや仲間関係など、今の様子を理解し、活動の方向性を見通し、環境をどのように設定し、必要な経験ができるよう予測します。

発達を理解するということは、目の前の子ども理解に加え、どのような時期にどのような道筋を経て発達していくかという発達過程を理解しておくことも必要になってきます。見通しをもった指導をするには、２つの方向性から発達を理解することから始まります。

② ねらいを考える

発達を理解したうえで、次に具体的な「ねらい」を考えます。ねらいとは、保育者が思い描いた子どもに対する願いや思いを実現するための方向性を示す道標のようなものです。ねらいは、子どもの実態把握から始まりますが、具体的な活動になると、活動そのものに「こんなことに気づいてほしい」「こんな経験をしてほしい」など、保育者の子どもに対する願いが込められています。

③ 環境を考える

具体的なねらいが保育のなかで達成できるよう、活動に必要な環境を構成します。環境構成は、活動に必要な教材、素材、用具などの準備から始まります。使用する教材・用具などをどのように提示し配置するか、場の設定をどのようにしていけばよいかなどを考えます。必要に応じて図示するとわかりやすくなります。活動の様子によって、環境を再構成することも考えられます。

④ 子どもの行動や活動を予測する

新たな活動提示、教材・用具などの環境に対し、子どもがどのような動きをするのか、関心を示すのかなどを予測します。行動予測なので、予測どおりにならないことも多いでしょう。保育者のはたらきかけと連動した活動予測も考えられます。予測どおりにならなかった場合の対応も考えておく必要があります。

⑤ 保育者の援助内容や指導事項を整理し、あわせて配慮事項を記入する

保育の展開を予測し、活動の展開に必要なはたらきかけや配慮事項を考えま

す。みんなで一緒に経験する活動であると、一般的には導入、展開、まとめの場面のそれぞれについて、子どもが興味・関心をもって、活動にかかわることができるよう記入します。

さまざまな指導計画がありますが、この節では短期の指導計画作成について考えます。特に実習生が作成する指導計画作成について作成のポイントを記します。実習生が経験する計画作成は、１日の保育を想定した日案と、その日の主活動の部分をピックアップして作成する細案が考えられます。実習生だからといって、自由に計画を作成してもよいというわけではありません。実習園のルールに則った計画の作成が求められます。子どもの様子をつかみ、実践させていただく月や週のねらいを考慮して作成します。まずは、実習園の１日の保育の様子、子どもの生活する様子を具体的に理解します。以下に、作成上のポイントを示します。

実習指導案

<table>
<tr><td>実施日時</td><td colspan="3">年　月　日　　時　　分 ～　時　　分</td></tr>
<tr><td>クラス</td><td colspan="3">歳児　　男　名　　女　名</td></tr>
<tr><td colspan="2" rowspan="2">子どもの姿
現在の遊びの様子、興味・関心の方向性、仲間関係などを記入する。</td><td colspan="2">ねらい
子どもに対する保育者の願い。子どもが主語となる表現にする。～に関心をもつ等</td></tr>
<tr><td colspan="2">活動内容
子どもが体験すること。～をする、～をして遊ぶという表現。</td></tr>
<tr><td>時間</td><td>保育の環境</td><td>予想される子どもの活動</td><td>保育者の援助・留意点</td></tr>
<tr><td>開始から終了までの活動時間を記入する。</td><td>使用教材、教材の提示方法、保育の場、形態等を記入。図示するとわかりやすい。</td><td>用意された環境、保育者のはたらきかけなどに対し、子どもがどのような行動をとるか、予測して記入する。</td><td>保育を展開するにあたって、子どもに気づかせたいこと、指導したいことなど、活動内容に合わせて記入する。その際、特に気をつけなければならないこと、配慮しなければならないことなども加える。</td></tr>
<tr><td colspan="4">評価</td></tr>
<tr><td colspan="4">実践を振り返り、子どもの活動への参加の様子、よかった点、改善すべき点などを客観的に振り返る。</td></tr>
</table>

2. 指導計画の実際

指導計画を作成する際、大別すると遊びの発展を予測した計画と、保育者が活動を提案する計画があります。第２節で考えた三輪車遊びの予測、遊びのストーリーは、遊びの発展型指導計画です。実習生が作成する指導計画は、一般的には活動提案型が多いようです。以下、活動提案型の指導計画作成事例を示します。

実習指導案

実習生氏名　山野　好美

実施日　2022　年　6月　22日（木） 実施時間帯　10時00分〜10時45分	実施クラス　ことり組　（4歳児） 園児数　男　12名　女　13名
子どもの姿 雨天が続き、室内で遊ぶことが多く、体を十分に使って遊ぶことができないでストレスを感じている子どもが多くなってきた。子どもが見つけたカタツムリやザリガニの飼育を通し生き物への関心も高くなっている。	ねらい ・体を十分に使って活動することで、みんなで遊ぶことの楽しさを味わう。 ・新聞紙をちぎる音を楽しむ。 活動内容 ・新聞ちぎり遊びをする。

時間	保育の環境	予想される子どもの活動	保育者の援助・留意点
10：00	・保育室の机・いすを片づけ広い空間をつくっておく。 ・新聞紙を多めに用意する。	・実習生のはたらきかけに応じ座る。 ・背中に隠しているものに関心をもち、「本」「紙」などと答える。 ・実習生の様子を興味をもってみる。	・実習生の側に来て座るようはたらきかける。 ・背中に隠している新聞紙をチラチラ見ながら「これなんだ」と質問する。 ・新聞紙で遊ぶことを告げ、破って見せる。細かく破った紙を上に投げる。
10：05			・ルールを説明し理解できたかどうか確認する。
10：10		・新聞紙をもらう。 ・破る音を楽しみながら遊ぶ。	・確認したうえで新聞紙を1人1枚渡し、もっと欲しい人は置いてあるものを使ってもよいことを伝える。 ・配り終えたら遊んでよいことを伝える。 ・換気に気をつける。
10：30	・45Lビニール袋を3〜5枚用意する。	・「もっと遊びたい」の声もあるが、新聞紙をビニール袋に入れ始める。 ・「ゆきだるま」「大玉転がし」などの声が上がる。	・「そろそろ片づけようね」と言葉をかけ、破った新聞紙を用意したビニール袋に入れるよう声をかける。 ・新聞紙の詰まったビニール袋を見せ、どんな遊びができるか質問する。
10：40	・3つのビニール袋を保育室のコーナーに置く。		・「みんなが素敵な遊びを考えたので、明日遊ぼうね」とこの活動を終了する。

3. 振り返りと評価

以下の文は、倉橋惣三『育ての心』より抜粋したものです。倉橋は保育者にどのようなことを伝えたかったのでしょうか。

> 子どもらが帰った後
>
> 子どもが帰った後、その日の保育が済んで、まずはほっとするのはひと時。大切なのはそれからである。
>
> 子どもと一緒にいる間は、自分のしていることを反省したり、考えている暇はない。子どもの中に入り込みきって、心に一寸の隙間も残らない。ただ一心不乱。
>
> 子どもらが帰った後で、朝からのいろいろなことが思いかえされる。われながら、はっと顔の赤くなることもある。しまったと急に冷汗の流れ出ることもある。ああ済まないことをしたと、その子の顔が見えてくることもある。——一体保育は…。とまで思い込まれることも屡々(しばしば)である。
>
> 大切なのは此の時である。此の反省を重ねている人だけが、真の保育者になれる。翌日は一歩進んだ保育者として、再び子どもの方へ入り込んでいけるから。
>
> （倉橋惣三『育ての心』フレーベル館、2008.）

保育者の専門性や資質を高めるためには、日々の保育実践を振り返ることが重要となります。そのことを指摘した文が、上記「子どもらが帰った後」ではないでしょうか。振り返ることは、次のよりよい実践につなげていくために欠かすことのできない営みです。

すでに保育の場では、P（Plan：計画）、D（Do：実践）、C（Check：評価）、A（Action：改善）といった保育実践の循環が定着しています。評価のポイントは、子どもを理解することと、保育者の実践を振り返ることにあります。保育は、結果ではなく過程を大事にします。保育実践中にみられる子どもの様子から理解を深めていきます。子どもへのかかわり方については、教材選び、環境構成などを含めて評価します。

【学習のまとめ】

- 本章で学んだことを参考に、保育内容「人間関係」のねらいと条件に即した指導計画を作成しましょう。

  対　象：5歳児（男15名、女13名）、ねらい：友達との遊びを楽しむ

  日　時：6月第3週目　30分程度

  ※養成校で指定された指導案用紙を使いましょう。

第12章

特別な配慮を必要とする子どもの保育

本章の ねらい

本章では、特別な配慮を必要とする子どもの人間関係の指導方法について学びます。人間関係の指導を行ううえで、具体的にどのような配慮が必要となるでしょうか。どのようなことに注目し、どのような配慮をすればよいのか、皆さん自身が考えられるように演習課題が提示されています。さまざまな事例を通して、特別な配慮を必要とする子どもの人間関係の指導のあり方を考えられるよう力をつけましょう。

学習の ポイント

- 特別な配慮が必要な子どもの特性について理解をしましょう。
- 各事例をもとに、人間関係の指導における配慮の方法を考えましょう。
- 保育者同士でどのような連携が必要であるか考えましょう。

学習の準備

特別な配慮を必要とする子どもたちは、クラスに１～２人、またはそれ以上いるといわれており、保育にもさまざまなニーズが求められています。愛着に問題がある子どもや発達に偏りがあると感じられる子ども、外国にルーツをもつ子ども等がいた場合、それぞれの子どもに合った配慮が必要となります。そのような子どもたちの人間関係を育んでいくためには、はじめに、保育者が目の前の子どもの特徴をしっかりと把握したうえで、その子どもとの信頼関係を築くことが必要です。次に、クラスの子どもたちとの信頼関係につなげ、最終的には社会全体への信頼感へと広げていく必要があります。
本章では、特別な配慮を必要とする子どもの事例が提示されており、各事例には課題を設けています。課題を行う際には、まずは個人で考え、次にその考えを小グループで共有してください。その後に、授業の参加者全体でディスカッションを行うようにして進めましょう。自分が保育者になったときを想定し、保育現場においてのクラス担任同士の話し合いから、その後の園全体の話し合いを意識して課題に取り組んでみましょう。

第１節　特別な配慮を必要とする子どもたち

1. 障がい[注1)]のある子ども

① 愛着の問題

友田は、喜び、悲しみ、怒りなどの「情動機構が完成する５歳位までに虐待を受けた場合、76％が反応性アタッチメント障害を発症する[1)]」と述べています。状態像としては抑制型と脱抑制型があり、その特徴は異なります 表12-1 。抑制型の子どもでは、一人遊びが目立ったり周囲になじめなかったりすることが多く、脱抑制型の症状を呈する子どもでは、特定の保育者に１日中しがみつき常に抱っこを要求したりするようなこともあります。そのような子どもがクラスにいた場合、クラス全体を見ていかなくてはならない保育者としての仕

注１）障害の“害”の文字は差別的意味合いが含まれていることから、漢字の“碍”を用いることが妥当であると考えられている。碍は常用漢字ではないことから、多くの文献においてひらがなの“がい”という文字が使用されるようになり、DSM-5（2014年）のdisorderの和訳も障害から症へと変更されている。しかし、法律では“害”の漢字が使用されている。

表12-1 反応性アタッチメント障害のタイプ

抑制型	脱抑制型
非常に警戒的	初対面の人になれなれしく近づく
甘えたいのに甘えられない	過剰な親しみ
優しく接してくる人に対して嫌がったり、泣いたり矛盾した態度	一見社交的に見える 無警戒、相手をよく吟味しない
他	他

図12-1 反応性アタッチメント障害にみられる特徴

事と、子どもとの信頼関係づくりとの狭間で、悩ましく感じることもあるかもしれません。

また、個々の特徴としては 図12-1 のような症状もみられます。これらの症状は発達障害をもつ子どもの特徴と酷似しているため、判別がとても困難といわれています。

❷ 発達の偏り

2005（平成17）年に施行された発達障害者支援法（2016（平成28）年に最終改正）では、「自閉症、アスペルガー症候群その他の広汎性発達障害、学習障害、注意欠陥多動性障害その他これに類する脳機能の障害であってその症状が通常低年齢において発現するもの」の支援を行うことが明示されています。法律上の診断名としては、障害という言葉がまだ使われていますが、DSM-Ⅳ から DSM-5に移行するうえで、“障害”から“症”という語に変更されています。以降、発達障害は、自閉スペクトラム症（ASD）、注意欠如・多動症（AD／HD）、限局性学習症（SLD）を指します 図12-2 。

図12-2 DSM-5における発達障害の診断名

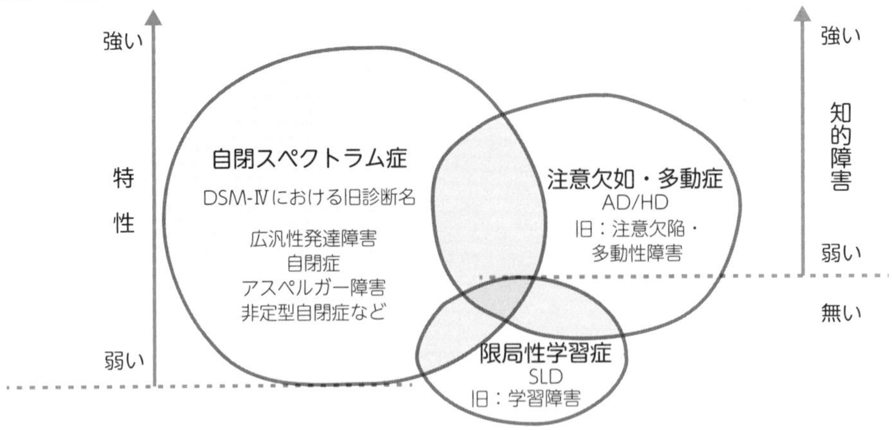

強い
特性
弱い
自閉スペクトラム症
DSM-Ⅳにおける旧診断名
広汎性発達障害
自閉症
アスペルガー障害
非定型自閉症など
注意欠如・多動症
AD/HD
旧：注意欠陥・
多動性障害
限局性学習症
SLD
旧：学習障害
強い
知的障害
弱い
無い

限局性学習症は、知的障害を伴っていないことが診断基準になっていますが、自閉スペクトラム症や注意欠如・多動症の場合は、知的障害の有無、特性の強弱によって違いがあります。また、それぞれの障がいが併存している場合もあるため、保育における配慮のあり方は一人ひとり異なることに留意しなければなりません。

1）自閉スペクトラム症

① 三つ組の特性とタイプ

自閉スペクトラム症（ASD）には、「社会的相互性の苦手」「コミュニケーションの苦手」「想像力の苦手」の三つ組の特徴があります。また、その特性は一人ひとり異なります。イギリスのローナ・ウイングは、タイプを「孤立群」「受容群」「積極・奇異群」「形式ばった大仰（おうぎょう）な群」と分類しています[2)]。「孤立群」と「積極・奇異群」では、真逆とも思われてしまうような特徴がみられます。例えば、「孤立群」の子どもでは他児とほとんど会話がなかったり、「積極・奇異群」の子どもでは長時間自分の好きな話をし過ぎたりと、極端な違いがみられます。しかし、両者とも、話し言葉の理解が難しい、冗談を真に受けてしまう等の“コミュニケーションの苦手さ”が共通しています。図12-3 のように極端に特徴が分かれていても、その間には三つ組の特徴がみられるのです。三つ組の特徴が共通していても、一人ひとりの特徴が違うため、人間関係を築いていくうえでの配慮も異なります。

図12-3 自閉スペクトラム症の三つ組の特徴

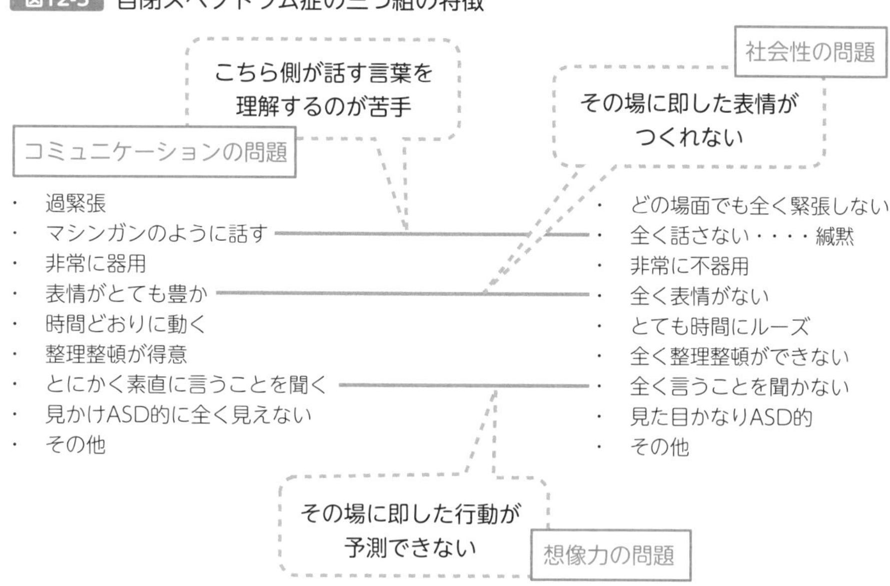

② 感覚の過敏と鈍感

自閉スペクトラム症の子どもの多くに、音や光、におい、皮膚感覚等の感覚の過敏さがみられます。保育者が他児との人間関係を育んでいこうと努力しているのにもかかわらず、なかなかうまくいかない背景には、感覚過敏が見落とされている場合も少なくありません。工事の音や運動会の音楽が響いているときに耳をふさいだり、蛍光灯の明るい部屋で目が痛いと言ったり、決まった素材の洋服しか着なかったりというような場合も、感覚の過敏性が疑われます。皮膚感覚過敏のために人に触られることを極端に不快に感じる子どももいます。

また逆に、感覚が鈍感な場合もあります。例えば、暑さ寒さがわからない、骨折をしても痛みを感じないという場合等です。そのような子どもは、「自分が叩かれたら痛いでしょ？」という保育者の問いに「平気」と答えるかもしれません。

自閉スペクトラム症の可能性を少しでも感じたときは、感覚の過敏さや鈍感さを保護者等からしっかり聞き取りをしたうえで、他児との人間関係づくりについて考えていきましょう。

③ 睡眠の問題

自閉スペクトラム症の特徴の１つとして、睡眠の問題があります。午睡の時間に全く寝ることができない子どもがいた場合には、保護者等と相談したうえで、周囲の子どもたちから“先生の言うことを聞かない子”などと誤解されないように配慮しましょう。また、夜にしっかりと寝ているのにもかかわらず、園でも1日中寝てしまうようなことが続く場合には、医師と相談したほうがよい場合もあるかもしれません。

④ パニックに陥っているとき

急な変更や不安を感じたとき等に、狭い所にこもる、大声を出す、教室から飛び出してしまう、頭を壁に打ち付けてしまう等の行動が出てしまうことがあります。また、急にカーテンにくるまって出てこない、体が硬直して動けなくなる、急にぐるぐるとまわり出すというようなわかりづらいパニックもあります。そのような行動を見ている周囲の子どもたちは、驚いてしまうか、おかしな行動をとる子だと誤解してしまうことがあるかもしれません。そのようなときはいったん距離を置き、落ち着いてから話を聞くようにしましょう。むやみやたらに声をかけてしまうと、かえって混乱が続いてしまいます。

⑤ 環境調整

自閉スペクトラム症の子どもは、物事を目で見て理解することが得意です。1日のスケジュールを示し、先の予測を立てたり、持ち物の置き場所に印を付けたりするなどして、その時々にするべきことなどを理解できるように、安心できる環境調整をしていきましょう。日常生活の不安を軽減することができると、子どもの心に少しのゆとりができるため、クラスの子どもたちとの関係に目を向けられるようになる場合もあります。環境調整の方法は構造化ともいい、さまざまな方法がありますので調べてみましょう。

事例1

遊びのルールを守れないタツヤ君

5歳児のタツヤ君は、知的障害のない自閉スペクトラム症の男児です。クラスの子どもたちがいつも遊んでいる戦隊ごっこに入りたくて仕方ありません。しかし、遊びに入ろうとすると、いつも戦いに使う道具を独り占めして、みんなを倒しまくり、自分はいつも勝つ役になるため、誰も遊んでくれなくなってしまいました。

集団で遊ぶためのルールを伝える

集団で遊ぶときに、ルールを守ることが難しい自閉スペクトラム症の子どももいます。そのような子どもに、遊びのルールをすべて守るように言葉で伝えても、指示が入っていかないことがあります。遊んでいる最中に伝えると、楽しくて興奮している状態であるため、指示を聞けない場合が多いでしょう。そのようなときは、遊びを始める前に2、3の約束を示し **図12-4**、自分で取り組める項目を選ぶことから始めるとよいでしょう。ルールを他者から押しつけるよりも、自分で選んだルールを守り、ほめられる経験のほうが、自分でルールを守ろうとする意欲へとつながります。

図12-4 ルールを伝える方法の例

今日はどれにチャレンジしてみる？
（押しつけは禁忌！）

みんなと　たのしく　あそぶ　コツ

①さいしょに　ともだちに　なにをして　あそびたいか　きく

②どうぐを　ひとりじめしない → おなじ　かずを　つかう

③たおされる　やく　は　じゅんばんに　する

2）注意欠如・多動症

注意欠如・多動症（AD／HD）は、不注意、多動性、衝動性を特徴とした発達障害です **表12-2**。幼少期では多動や衝動性が問題行動の原因となることが多く、クラスのなかで目立つ存在となり、診断も早期になされることが多くなります。

その一方で、小学校高学年になると、前頭葉の発達により多動性が減少する場合が多く、幼少期に立ち歩いていた子どもも、いすに座り先生の話を聞けるようになります。また、自分の行動特性を振り返ることや自己コントロールも少しず

表12-2 注意欠如・多動症（AD／HD）の特徴

不注意	集中することが苦手	忘れものが多い、指示を忘れてしまう　など
多動性	じっとしていることが苦手	常に動き回る、座っていられない　など
衝動性	考える前に行動してしまう	すぐにカーっとしてしまう、ほかに人の話に割り込む　など

つできるようになっていきます。そのような特性も理解したうえで、叱責だけの指導を行わないようにしましょう。

叱らずに集中させるための配慮

注意欠如・多動症の幼少期では、他児と同じ行動をとれない状態が特に目立ちます。そのため、保育者や保護者等から叱責されることが多くなりがちです。また、叱ってばかりいられないからといって、見守っているだけでは子どもの成長を促せません。

注意欠如・多動症の子どもは、興味・関心をもったことであれば集中することができます。例えば、忍者遊びをしてから、急に立ち止まる練習をしたり、抜き足差し足で歩く練習をしたりするなどして、楽しみながら落ち着ける時間を増やす方法もあります。大仏様になりきってもらい、“待つこと”を促してみてもよいでしょう。保育者は、知恵をしぼり工夫をして、さまざまな場面に対応できるようにしていきましょう。

事例２

「誰も信じられない！」タカフミ君

幼少期から、タカフミ君はみんなが静かに先生の話を聞いているときに、一人だけ教室中を走り回っています。友達が使っている物に興味をもつとその瞬間に、声をかけることなく奪い取ってしまうことが多く、周囲の子どもたちは、タカフミ君が近づいてくるとその場から離れてしまいます。担任保育者は、タカフミ君には発達の偏りがあるのではないかと考え、必死に叱責を繰り返しました。幼少期では、タカフミ君は怒られると我に返り、毎回反省していました。両親もみんなと仲良くできるようになってほしいと思い、叱り続けました。

タカフミ君は、いつも大人から怒られ、友達からは距離を置かれる状態のまま、小学校５年生になりました。その頃になると、走り回ったりもせず、授業中に立ち歩くこともなくなりました。しかし、このような環境のなかで成長したタカフミ君は、先生や両親に何を言われても「どうせ、また僕のことをけなすんだ」と言って話を聞き入れなくなりました。また、友達とは自分から距離をとり、先生や保護者に対して反抗的な態度をとるようになりました。

中学校になると、ひょんなことから不良グループの一人と仲良くなり、万引きをした経験があると話したときに、「お前、すげぇな」「やるじゃないか」とほめられました。不良グループの仲間は、タカフミ君が悪いことをすると、ほめてくれます。そして、不良グループの仲間だけが、初めて自分のことを信頼し、認めてくれたと感じました。中学生のタカフミ君の居場所は、不良グループにしかありませんでした。

DBDマーチ

タカフミ君の事例は、問題行動が多い子どもや注意欠如・多動症の特性が強い子どもに起こりえる状態の1つといえます。

幼少期に発達の偏りの問題で大人から常に叱責され、友人からも距離を置かれ続けて、誰からも自分のことを信頼してもらえない状況が続き、「どうせ、自分は何をやってもダメなんだ」と思うようになると、自己肯定感が下がります。小学校高学年になると、人を信じる気持ちを忘れてしまい、反抗的な態度をとるようになり（反抗挑発症）、中高生になると悪いことをすると自分のことを認めてくれる仲間のなかに自分の居場所を見つけ、問題行動を繰り返す（素行症）ようになる場合があります。この一連の流れをDBD（Disruptive Behavior Disorder）マーチ（破壊的行動障害の行進）といいます。

タカフミ君のつらさや思いを、誰かがしっかりと聞き、受け止めてあげていたら、このような状態は起こらなかったはずです。孤独は、人の心を硬く閉ざしてしまいます。子どもの問題行動を修正するよりも、まず第一に心に寄り添える保育者になり、周囲との人間関係が円滑になるように配慮していくことが大切です。

3）限局性学習症

限局性学習症（SLD）は、知的障害はみられないけれども、聞く、話す、計算する、または推論する能力のうち、習得とその使用に困難さをもつ状態を指します。一人の子どもに、すべての特徴がみられることは少なく、たいていの場合は、1つまたはいくつかの特徴が重複します。また、限局性学習症は、幼児期ではその特徴がわかりづらいため、小学校以降に診断されるケースがほとんどです。したがって、保育の現場で、無理に特定の苦手な学習を克服させようとすることは、好ましくありません。学習することに抵抗を示すようになってしまうおそれもあるため、子どもに限局性学習症の可能性を感じたときには、就学前に小学校との連携を図るようにしましょう。

2. 外国にルーツをもつ子ども

昨今の私たちの社会はグローバル化し、外国にルーツをもつ子ども（両親ともに外国人、親の一方が外国人である子ども）が多くなりました。世界にはさまざまな宗教観や文化があります。１つの国のなかでも文化が異なることもあるでしょう。自分の所属する園に外国にルーツをもつ子どもがいる場合には、その子どもの国の宗教観や文化を、必ず園全体で把握しておかなくてはなりません。両親が日本国籍である子どもであっても、帰国子女で日本語を話すことが難しい場合もあります。保育者は、さまざまな国の宗教観や文化を理解したうえで、子どもたちの人間関係を育んでいかなければなりません。

第２節 一人ひとりを大切にする保育の基本

実際の事例から、保育のあり方を考えてみましょう。

事例３

甘え方が気になるカツミちゃん

年長の女児、カツミちゃんはクラスの子どもたちと遊ぶことをせず、担任の保育者に朝からしがみついています。ほかの子どもが保育者に近寄り甘えようとすると、「だめ！」と言って追い払おうとします。カツミちゃんの家は母子家庭です。母親は仕事が忙しく、夜遅くならないと帰宅しないことが多いようです。12月の寒い夜の11時頃に、アパートの外の駐輪場でうずくまっていたところを保護されたこともあります。また、翌年の１月の朝、とても早い時間に登園したカツミちゃんに担任が持っていたおにぎりをあげたところ、驚くような早さで口の中にほおばりました。

【演習課題】

❶ 他児が保育者に近づいてくると「だめ！」というカツミちゃんには、どのよ

うな言葉かけをすればよいでしょうか？

❷ 自分が担任保育者であった場合、ほかの子どもと遊ぼうとせず、保育者にしがみついている子どもと他児との人間関係を育むためには、どのような対応が必要か考えてみましょう。

事例4

マイペースさが気になるユミちゃん

４歳児のユミちゃんは、祖父母と、両親、３つ年上の兄と、１つ年上の姉の７人家族です。自閉スペクトラム症の女の子で、他児とはほぼかかわることがなく、いつも一人でいます。保育者が紙芝居をしているときも別の場所で自分の好きなことをしています。また、みんなで歌をうたうときには、いつも耳をふさいでうずくまってしまいます。給食の時間は、みんながにぎやかに楽しそうに食べているのに、教室から飛び出してしまうことが多く、廊下から中へ入ろうとしません。クラスの子が、ユミちゃんのことを心配して教室に連れ戻そうと手を引っ張ると「キャー」と大きな声をあげます。カーテンの中にくるまって何十分も出てこないときもあります。クラスの子どもたちは、「ユミちゃん大丈夫？」と代わるがわるに声をかけていきますが、声かけをすればするほどカーテンの中にいる時間は長くなります。

【演習課題】

❶ ユミちゃんにはどのような配慮が必要か考えてみましょう。

❷ 担任保育者の役を演じ、配慮の仕方を子どもたちに伝えてみましょう。

事例5

感情コントロールが苦手なミチオ君

５歳児のミチオ君は、運動神経が抜群で元気で明るい子です。しかし、いつも身体を動かしていないと、もやもやしてしまい、クラスのみんなと同じ行動をとることができません。「園庭で運動会の練習をします」と先生が言った瞬間に最後まで先生の話を聞かず、何も持たずに外へ飛び出し、後から先生と一緒に来るクラスの子どもたちにイライラしてしまい、やる気を失ってしまいます。部屋の中で制作をしているときも、一人だけ早くつくり上げてしまい、「早く外で遊ぼうよ」と友達をせかすなど、感情コントロールも苦手です。あるときクラスの女子から「ちゃんと座って先生の話を聞きなよ！」と言われたときにキレてしまい、その女の子を突き飛ばしてしまいました。幸いけがはありませんでしたが、クラスの子どもたちはミチオ君に対して「わがままだ」と言うようになってしまいました。

【演習課題】

❶ ミチオ君にはどのような配慮が必要か考えてみましょう。

❷ 担任保育者の役を演じ、クラスの子どもたちとの人間関係が円滑になるように、ミチオ君について話してみましょう。

事例6

外国にルーツをもつ子どもアルン君

　年中の4月から、タイ国籍の男児、アルン君がクラスに入園してきました。母は日本生まれであり、アルン君は日本語を話せたため、クラスの子どもたちと比較的早くなじむことができています。数か月後、アルン君ととても仲良くなった一人の男児がいました。ある日、その男児がアルン君を迎えに来た父親にふざけて後ろから飛びつき、父親の頭をポンと叩きました。お父さんは少し顔を曇らせました。担任保育者はアルン君とその男児の友達関係が広がったのだと思いほほえましく見ていました。

　次の日から、アルン君は園に来なくなってしまい、クラスの子どもたちは心配しています。

【演習課題】

❶ なぜ、アルン君は、急に園に来なくなってしまったのか考えてみましょう。担任はどのような対応をすべきであったでしょうか？

❷ いろいろな国の文化を調べてみましょう。そして、クラスの子どもたちに伝える保育者役を演じてみましょう。

第3節 特別な配慮を必要とするケースにおける保育者間の連携

1. フミオ君の事例を通して、保育者間の連携について考えてみる

事例7

クラスメイトに乱暴者と思われているフミオ君

5歳児のフミオ君には妹がいて、家では妹のお世話をよくしています。しかし、園ではクラスの子どもたちから乱暴者と思われてしまっています。急に叩かれた、ボールで遊んでいたら蹴られた、髪の毛を引っ張られたなど、フミオ君の問題行動が、担任保育者に毎日のように報告されます。担任は、もしかするとフミオ君は特別な配慮が必要な子どもかもしれないと考えました。そして、クラス全員の前でフミオ君は、根は優しい子であること、フミオ君には悪気がないこと、感情のコントロールが今はまだ苦手であるけれども、フミオ君も頑張っているから、そのうちにみんなと同じように、仲良く遊べるようになること、などを伝えました。クラスの子どもたちはそのような先生の言葉で、“フミオ君は悪い子ではない”と考えるようになりました。

しかし、フミオ君は一歩教室から外に出ると、廊下で隣のクラスの先生に怒られ、園庭では他の先生に怒られ、園長室に逃げ込むと、きちんとあいさつをして部屋に入って来なかったことで怒られてしまいました。最近では、先生の真似をして怒る子どももいます。フミオ君はそんな毎日が続いています。

【演習課題】

❶ クラスの担任の対応は適切であったでしょうか。

❷ 保育者間の連携はどのようにしたらよいでしょうか。

2. 保育者間の連携

❶「我慢してね」はNGワード

発達障害等が疑われた場合には、問題行動が起こるたびに叱責することが難しく、周囲の子どもたちに「我慢してね」と伝えたくなってしまいがちです。しかし、他児に我慢を強いるということは、その子どもが“悪い子である”という印

象を与えることにつながります。そして、子どもたちはその子どもと距離を置くようになり、いじめにもつながりやすくなります。このような悪い印象を与えてしまう言葉はほかにもたくさんあります。しかし、自分が発する言葉にそのような意味があるということには、日々の保育のなかでは気がつけないこともあるでしょう。保育者間で子どもを傷つけるような言葉かけをしていないか、振り返る時間を定期的につくるようにしましょう。

❷ 園全体で子どもを理解する

特別な配慮を必要とする子どもの特徴は、園全体で把握しておく必要があります。クラスのなかだけで理解されていても、一歩外へ出たら怒られ続けてしまう……。これでは先に述べたDBDマーチ（破壊的行動障害の行進）へと、子どもを導いてしまうことになります。また、外国にルーツをもつ子どもがいた場合にも、その子どもの全体像を園全体で把握していなければ、他児への説明が難しくなってしまいます。人は、問題行動が多い子どもほど、できないことや不得意なことばかりに注目してしまいがちです。園全体で、子どもの不得意なところだけでなく、“良い面”にもしっかりと注目して、支援の方法を共有していきましょう。

❸ 他児に伝えるときに大事なこと

何らかの障がいがあり、問題行動に結びついていると考えられたときには、他児との人間関係を育むことを念頭に入れつつ、①本人なりに頑張っているのにできないことがあること、②障がいのない子どもたちよりもゆっくりであるが、いずれはできるようになっていくこと、③本人も努力していることがあるということを伝えていきましょう。

もし、園全体で説明の仕方が共有できていない段階で、急に子どもから質問されたときには、「あとで、ちゃんと説明するね」と伝え、時間をとって説明の仕方を考えるとよいでしょう。

また、保育者が子どもたちに伝える際には、“保育者同士が連携しながら適切な支援を行っていけば、その子どもは必ず成長する”という意識をしっかりともっていることも大事なことです。そのような保育者の思いは、必ず園全体の子どもたちにも伝わっていきます。

【学習のまとめ】

- 本章では特別な配慮が必要な、「愛着に問題がある子ども」「発達障害がある子ども」「外国にルーツがある子ども」等の人間関係について学びました。
- 第２節では、事例３は反応性アタッチメント症が疑われる子ども、事例４は自閉スペクトラム症の子ども、事例５は注意欠如・多動症の子ども、事例６は外国にルーツをもつ子どもについて、さまざまな角度から考えられたと思います。
- 事例から出された課題は１つのファイルにまとめましょう。ほかの人の意見もたくさん書き込み、人間関係を築くうえでの必要な配慮についてまとめ、実際に仕事に就いたときに役立てられるような資料をつくりましょう。

引用文献

1）友田明美『新版 いやされない傷――児童虐待と傷ついていく脳』診断と治療社、2012、p.116.
2）ローナ・ウィング、久保紘章・佐々木正美・清水康夫監訳『自閉症スペクトル――親と専門家のためのガイドブック』東京書籍、1998、pp.43-47.

参考文献

・池田勝昭・目黒達哉共編著『障害児の心理・「こころ」――育ち、成長、かかわり』学術図書出版、2007.
・杉山登志郎『発達障害の子どもたち』講談社現代新書、2007.
・日本精神神経学会日本語版用語監、高橋三郎・大野裕監訳『DSM-5 精神疾患の分類と診断の手引』医学書院、2014.
・日本発達障害連盟編『発達障害白書 2023年版』明石書店、2023.
・武藤久枝・小川英彦編著『コンパス 障害児の保育・教育』建帛社、2018.
・森則夫・杉山登志郎・岩田泰秀編著『臨床家のためのDSM-5虎の巻』日本評論社、2014.

第13章

子どもの育ちを支える保育者の人間関係

本章の ねらい

本章では、保育者の専門性として子どもとのかかわりだけではなく、ともに園で働く職員との「同僚性」や「協同性」に注目しています。そのうえで、園で働くさまざまな職種の職員との連携、家庭との連携、地域や関係機関との連携に触れ、事例を踏まえながら、改めて地域の社会資源として求められる保育者の専門性を整理します。

学習の ポイント

- 保育者として、高め合い支え合う専門職としての「同僚性」や「協同性」のあり方を学びましょう。
- 一人ひとりの保護者を尊重して受け止める受容的なかかわりの重要性や、保護者の「子育てを自ら実践する力」の向上に向けて支援していくといった家庭との連携に関する保育者の専門性を学びましょう。
- 地域の関係機関と連携や小学校への接続をめぐっての連携を学び、地域の社会資源として保育者の役割を考えてみましょう。

学習の準備

保育は、人と人とのかかわりや連携のなかで豊かに展開していきます。保育者（幼稚園教諭、保育士）間で連携をとること、保育者だけではなく、園長・施設長をはじめ、看護師や栄養士、調理員、用務員、送迎バスの運転手など、園で働くさまざまな職種の職員との連携をとることで、園全体で子どもたちの豊かな育ちを支えていくことができます。そして家庭と園とが連携することで、子どもたちの育ちは確かなものになっていきます。さらに、地域の方々や小学校・中学校、関係する専門機関等とつながりをもち、連携していくことで、園の保育活動の可能性は広がっていきます。

第１節　園でともに働く人との人間関係

1. 保育者の専門性と「同僚性」と「協働性」

保育者の専門性については、子どもとのかかわりだけではなく、園でともに働く人との「同僚性」や「協働性」に注目する必要があります。

一人ひとりの職員の資質向上および職員全体の専門性を高める、その実現のためには、職場内での「協働性」や「同僚性」の形成が欠かせません。

まずは、幼稚園教育要領や保育所保育指針において、保育者の専門性と「協働性」や「同僚性」についてどのようなことが述べられているのか、その確認から入りましょう。

幼稚園教諭の専門性について、一般財団法人保育教諭養成課程研究会「令和２年度 幼児教育の教育課題に対応した指導方法等充実調査研究（幼稚園における指導の在り方等に関する調査研究）」[1)] では、幼稚園教諭および保育教諭の自己課題に基づく主体的な研修のあり方について提案しています。幼児教育を担う教員に求められる資質・能力として、ＡからＧの視点をあげています。その５つ目のＥに、「他と連携し、協働する力」をあげています。幼稚園教諭の専門性は、子どもとのかかわりだけではなく、教員集団の一員としての協働性をもって保育を行うことが明記されています。

幼児教育を担う教員に求められる資質・能力
Ａ．幼児を理解し一人一人に応じる力

B．保育を構想する力
C．豊かな体験をつくり出す力
D．特別な配慮を必要とする子供を理解し支援する力
E．他と連携し、協働する力
F．カリキュラム・マネジメント
G．自ら学ぶ姿勢と教師としての成長（リーダーシップを含む）

研修を通して、教員の資質・能力AからGの向上を図るためには、実際の研修でどのような学びを保障していくのかを明らかにする必要があります。教育委員会等の自治体にて実施されている研修のそれぞれについて分析し、研修を通して身につく力として、「37の具体的な視点」を示しています。

「E．他と連携し、協働する力」については、⑵4から⑶0として、次の７つを「具体的な視点」としてあげています。

研修を通して身につく力として、「37の具体的な視点」
(24)相手を尊重し、互恵的に関わり合う力
(25)組織の目的を理解し、自分の資質・能力を発揮する力
(26)人間関係を調整し、よりよい関係を構築する力
(27)他との関係を維持改善できるコミュニケーション力
(28)幼児教育を分かりやすく発信する力
(29)異なる専門性をもつ人と協働し、幼児教育の専門性を高める力
(30)幼児教育や子育ての支援等、教育・保育に関わる必要な情報を選択収集・整理する力

「ほかと連携する」うえで大切なことは、「相手を尊重する」という姿勢です。保育者間の連携においても、新任の保育者の気づきから学ぶ姿勢をベテランの保育者がもつことで学び合う関係が構築されます。

園の保育は、保育者や職員といった集団によって実現していきます。保育者一人ひとりが多様な能力を有し、その能力を発揮することで豊かな保育活動が実現するのです。

協働してさまざまなことに取り組む際には、一人ひとりが力を出せるようになることを目的としますが、だからこそ現れる課題もあります。全体の状況を俯瞰的にとらえたうえで課題を見出し、課題解決のために人間関係を調整し、よりよい関係を構築する力はとても重要です。日々のあいさつや思いやりある行動がとれること、相手の言葉や状況を察知し理解や共感を示し適切な行動をすることな

ど、コミュニケーション力を発揮することで互いの関係が円滑になります。

保育者がそれぞれに得意分野をもつことで、集団として大きな力を発揮できるようになります。また、異なる専門性をもつ方々と出会い、学ぶことを通して、自身の専門性を高めていくことも大切です。このようにして身につけた多様な専門性をもつ保育者集団のなかで、互いに尊重し、それぞれの力を発揮するなかで、保育の豊かさが生み出されるのです。

保育者の専門性については、保育所保育指針をみてみましょう。

保育所保育指針の「第５章　職員の資質向上」では、職員の「共通理解」と「協働性」を高める、保育所全体としての保育の質の向上を高めるための研修の充実が述べられています。

> 保育所保育指針
>
> 第５章　職員の資質向上
>
> ３　職員の研修等
>
> (1)　職場における研修
>
> 職員が日々の保育実践を通じて、必要な知識及び技術の修得、維持及び向上を図るとともに、保育の課題等への共通理解や協働性を高め、保育所全体としての保育の質の向上を図って行くためには、日常的に職員同士が主体的に学び合う姿勢と環境が重要であり、職場内での研修の充実が図られなければならない。

2008（平成20）年改定の保育所保育指針において、「協働性」という言葉が初めて使用されました。研修による保育の質の向上に加えて、保育者一人ひとりの専門性の向上だけではなく、組織の一員としての成長や組織全体の組織性の向上が求められるようになりました。2017（平成29）年の改定でも、「第５章　職員の資質向上」で新しく「４　研修の実施体制等」が規定されました。「職員の資質向上」の内容が前回の改定より具体的に示され、「組織的に取り組むこと」や「日常的に職員同士が学び合うこと」「体系的な研修計画を作成すること」など、園内研修のさらなる充実が求められ、保育者が組織的に学び合うための計画的な取り組みと、学んだことが職務に活かされていくことが目指されています。

保育所保育指針解説には、「初任者から経験を積んだ職員まで、全職員が自身の保育を振り返り、自らの課題を見いだし、それぞれの経験を踏まえて互いの専門性を高め合う努力と探究を共に積み重ねることが求められる。このためには、同じ保育所内の職員間において、日常的に若手職員が育つよう指導や助言をして支え合っていく関係をつくるとともに、日頃から対話を通して子どもや保護者の様子を共有できる同僚性を培っておくことが求められる」とも記載されています。なかでも、職員間に「同僚性」が形成されることが期待されています。

矢藤は、「同僚性」について、明確には定義されていない議論のある概念と述べたうえで、ひとまず「問いかけ合い、高め合う、支え合う、専門職としての同僚関係」と考えたいと述べています。園が組織全体で学び合い、保育者同士の同僚性を高めていくことはとても重要なことなのです。

2. 園で働くさまざまな職種の職員との連携

保育の場は、保育者だけではなく、多様な職種の職員が働いています。園全体で1つのチームとなり、子どもたちの豊かな育ちを支えていきます。表13-1のような職種があります。

表13-1 必置職員とその他の職員

施設	必置職員 その他の職員	根拠となる法令
幼稚園	園長、教頭または副園長、教諭 主幹教諭、指導教諭、教諭 学校医、学校歯科医、学校薬剤師	学校教育法 幼稚園設置基準 学校保健安全法
	主幹教諭、指導教諭、養護教諭、栄養教諭 事務職員、養護助教諭、その他必要な職員	
保育所	保育士、嘱託医、調理員 ＊調理業務を委託する場合は必置ではない	児童福祉施設の設備及び運営に関する基準
	施設長、主任保育士、看護師、事務員	
認定こども園	園長、保育教諭	就学前の子どもに関する教育、保育等の総合的な提供の推進に関する法律
	副園長、教頭、主幹保育教諭、指導保育教諭、主幹養護教諭、養護教諭、主幹栄養教諭、栄養教諭、事務職員、養護助教諭その他必要な職員	

3. 事例と学習のまとめ（課題）

事例1

スタッフミーティングから見えてくる子どもの姿

ある幼稚園の未就園児クラスは、２～３歳児とその保護者が親子で週１回ほど参加するクラスである。10時半から12時過ぎまでが活動時間となり、その後に片づけなどをはさんで午後にスタッフミーティングを行う。ミーティングでは、その日の子どもの遊びや保育者や他児とのやりとりとしてどのような姿がみられたか、子ども一人ずつ検討して記録する時間が設けられている。リコちゃんについては、活動の後半でみんなでテーブルを囲んでお茶を飲む時間に、リコちゃんは「いらない」とはっきりとお茶を飲まないことを保育者に伝えた姿が報告された。保育者はお茶があることを伝えて誘ったが、席には座らなかったということだった。学生スタッフとして継続的にこのクラスにかかわっているマナミさんは、リコちゃんに対する保育者の言葉に目をみはる思いがした。保育者は、リコちゃんの自分の思いを伝えられることを評価した発言をしていて、マナミさんはそうした保育者の子どもをとらえる視点を新鮮に、そして大切な気づきと感じたからである。マナミさんは、保育後に行われる毎回のスタッフミーティングにおいて、その日の保育にかかわった保育者や学生とが子どもの姿をどうとらえたのかを語り合うなかでの学びを大切な時間と考えるようになった。

事例2

看護師との連携

１歳児クラスのウタちゃんは歩行が上手になり、散歩では自分で歩き回って楽しめるようになった。園で散歩に出かけ、いつもの公園に着くと、お気に入りのすべり台に向かって歩き出したが、すべり台の手前で転び、顔を地面にぶつけてしまった。泣いているウタちゃんを保育者が抱き起こして顔を見ると、上唇から少し血が出ていた。出血はすぐに止まって、ウタちゃんは機嫌よく遊び始めたので、保育者は安心した。

保育所に戻り、保育者はなにげなく公園でのウタちゃんの出来事を看護師に話したところ、「歯に異常がないか、念のために受診しましょう」とかかりつけの歯医者に診てもらうことになった。

受診して、ウタちゃんの歯に異常はないことがわかった。お迎えにきたウタちゃんの保護者にも、転んでぶつけた際に出血があったが受診して医師から異常はないと伝えられていることを説明した。

【演習課題】

❶ 園内研修を実践するうえでの基本的なマナーを考えてみましょう。勤務年数や役職など、さまざまな違いがあるなかで、研修に参加する全員が子どものよりよい育ちという目標に向かって交流するために、どのような行動を心がけることが必要かを具体的に考えてみましょう。

❷ 保育者が、嘱託医、看護師、栄養士、調理員といった職種と連携することで、子どもや保護者にどのような対応が可能となるのかを話し合ってみましょう。

第２節 家庭との連携・保護者との保育者の人間関係と子どもの育ち

子どもの１日24時間に目を向けると、子どもは家庭と園という２つの場を行き来して生活しています。子どもの家庭と園という２つの場での生活の連続性を考えるとき、家庭と園とが細やかに連携することで、子どもたちの育ちは確かなものになっていきます。

1. 園と家庭との連携―保護者に対する子育て支援の基本的な考え方

家庭との連携について、幼稚園教育要領解説や保育所保育指針には次のように示されています。

幼稚園教育要領解説

第１章　総説

第６節　幼稚園運営上の留意事項

家庭との連携に当たっては、保護者との情報交換の機会を設けたり、保護者と幼児との活動の機会を設けたりなどすることを通じて、保護者の幼児期の教育に関する理解が深まるよう配慮するものとする。

保育所保育指針

第４章　子育て支援

保育所における保護者に対する子育て支援は、全ての子どもの健やかな育ちを実現することができるよう、第１章及び第２章等の関連する事項を踏まえ、子どもの育ちを家庭と連携して支援していくとともに、保護者及び地域が有する子育てを自ら実践する力の向上に資するよう、次の事項に留意するものとする。

家庭との連携において、保護者の幼児期の教育に関する理解が深まること、保護者が「子育てを自ら実践する力」の向上に向けて、子育て支援を行うことが大切と示されています。登園や降園の際のやりとり、保護者会や保育参観の機会、連絡帳でのやりとり、これらは保護者の保育の場に対する理解の深まりを支えるものといえます。

「子育てを自ら実践する力」とは、例えば、適切な食事を用意する、清潔さを保つ、子どもの発達にふさわしい生活環境を整える、適切な生活リズムを形成する、子どもの視点から考えることができるといった内容があげられます。こうした子育てを自ら実践する力の向上に対する保育者のかかわりは、保育者が定めた一定の水準にすべての保護者を押し上げていくような指導ではありません。保護者の状況に応じて、それぞれの保護者が自らの養育力を発揮したり、さらに高めることができるように支えていくことが大切です。

園は、保護者が子育てを自ら実践する力の向上を助けるための支援の方法として、乳幼児期にふさわしい生活モデルを提示したり、家庭で活用しやすい情報を提供することができます。

2. 保護者に対する子育て支援の基本的な態度

保護者に対する保育者のかかわりとしての基本的な態度として、一人ひとりの保護者を尊重して受け止める受容的なかかわりがあげられます。保育所保育指針には、次のように示されます。

保育所保育指針

第４章　子育て支援

1　保育所における子育て支援に関する基本的事項

(1)　保育所の特性を生かした子育て支援

ア　保護者に対する子育て支援を行う際には、各地域や家庭の実態を踏まえるとともに、保護者の気持ちを受け止め、相互に信頼関係を基本に、保護者の自己決定を尊重すること。

保護者に対する子育て支援を行う際に、保護者の気持ちを受け止めることが大切と述べられています。

「受容」とは、保護者の子どもへのいかなる不適切な態度や言動を肯定するものではなく、そのような姿も、保護者を理解する手がかりとしてとらえる姿勢を保ち、援助を目的として敬意をもって、より保護者を理解することです。それは、どのような不適切な態度や要求も受け入れることとは異なる点に注意が必要です。保護者に対する子育て支援は、子どもの最善に利益を念頭に置きながら行われることが基本としてあります。そして、保護者の気持ちを受けとめる際に、保育者自身のもつ個人的な価値観に気づき、差別や偏見に基づく対応を行わないように留意する必要があります。

そして、保護者の養育する姿勢や力の発揮を支えるためには、保護者自身の主体性、自己決定を尊重することが基本となります。保護者が子育ての課題について、自分なりに考える、判断する、試してみるプロセスを保障し、自ら課題を解決できるように支えていくことが大切です。保護者が選んだやり方は、保育者からみると遠回りに感じる場合であっても、保護者自身が子育てについて自ら考えて主体的に取り組む経験は、保護者の自らの子育てを実践する力の向上につながります。

保育者が保護者の不安や悩みに寄り添い、子どもへの愛情や成長を喜ぶ気持ちを共感し合うことによって、保護者は子育てへの意欲や自信を膨らませることができます。保護者とのコミュニケーションにおいては、子育てに不安を感じている保護者が子育てに自信をもち、子育てを楽しいと感じることができるよう、保育者によるはたらきかけや環境づくりが望まれます。

園に求められる役割として、家庭との連携といった園に通う子どもと保護者を対象とするかかわりだけではなく、地域における子育てを支援する役割を大きく期待されていることも押さえておきましょう。

幼稚園教育要領や保育所保育指針では、地域の実態や保護者および地域の人々の要請などを踏まえ、地域における幼児期の教育センターとしてその施設や機能を開放し、子育ての支援に努めていくこと、地域の子育て家庭に対する支援が明確に述べられています。

3. 事例と学習のまとめ（課題）

事例3

イツキ君の母親への支援

０歳クラスに入園したイツキ君は、５月生まれであり、11か月での入所であった。首が座るのが遅く、またハイハイをし始めた時期も遅く、運動面の発達について、これまでも健診の場や小児科の医者などにも相談しながら様子をみてきたと、入園時の面接において母親から報告があった。クラス担任は、イツキ君の母親への対応として、運動面の発達につながることとして、園の生活ではどのような取り組みをしているか、丁寧に伝えていくことにした。夕方のお迎えの際などに、イツキ君が階段をハイハイで後ろ向きに降りるときに保育者がかかわる様子を見てもらったり、園庭での遊びではどのように身体を動かす場面があるのかなど、様子をしっかりと伝えることを心がけた。イツキ君の母親は、「イツキはこれからほかの子どもと同じように走れるようになるのだろうか」など心配は続いている状態ではあったが、担任の保育者がイツキ君の運動面に注意深くみていこうとする姿勢に、保育所でのイツキ君の生活が進んでいくことには安心した様子だった。イツキ君は、２歳のお誕生日の頃に歩き始めるなど、運動面の発達はゆっくりであったが、特に発達について診断名がつくようなことはなかった。母親がイツキ君の発達について大学の小児科の先生に相談に行った後などは、面談の時間を設けて話を聞き、園で対応する必要があることを確認するなど、進級して担任保育者が変わっても、イツキ君の運動面を中心に母親とやりとりを継続して支援を続けた。

一人ひとりの保護者の状況はさまざまです。保護者への対応の基本は、保護者の思いを受け止めることにあります。保育者の受容的なかかわりのなかで、保護者が自らの養育力を発揮したり、さらに高めることができるように支えていくことが大切です。

イツキ君は、その後、ほかの子どもよりも開始はゆっくりでしたが走れるようになり、ただ階段は一段ずつ足をそろえながらでないと降りることができないなど、幼児のクラスになっても母親が心配に感じるような運動面の課題は続きました。そうした課題は、イツキ君自身の運動についての苦手意識にもつながりました。幼児のクラスの担任は、イツキ君が苦手な運動への気持ちを受け止めながら、イツキ君の違う面でのよさを支えていくことを母親に伝えていました。

【演習課題】

❶ クラス懇談会や保護者会は、園によって運営方法が異なりますが、園での活動や子どもの様子を伝えるだけではなく、家庭での様子や保護者の立場からの意見を聞く機会ともなる。保護者会をどのような内容で実施するといいか、保護者同士で話をする時間を設けるのであれば、どんなテーマで話し合ってもらうといいかなど、アイデアを共有しましょう。

❷ 自分の住む地域の幼稚園、保育所、こども園で行われている子育て支援について、園のホームページなどを参照して調べてみましょう。子育ての支援としてどのような取り組みが行われているのか、整理しましょう。

第3節 地域や専門機関とつながる人間関係

保育者が、地域の方々や小学校・中学校、関係する専門機関等とつながりをもち連携していくことで、園の保育活動の可能性は広がっていきます。保育者は、地域にどのような社会資源があるのかを把握し、それらを活用していくことが必要です。広くとらえれば、保育者は自らも地域の社会資源の一員です。他機関やほかの専門職等との連携を図りながら協働する必要があります。

1. 社会資源、自治体、関係機関、専門職との連携

保護者に対する子育て支援のなかには、園だけで支援することが難しい内容もあります。現在、家庭の状況はさまざまです。休日出勤や深夜までの仕事がある、ひとり親家庭や外国籍の親の家庭など、保護者の仕事や家庭の状況は多様です。保育所保育指針の「第４章　子育て支援」では、「子どもに障害や発達上の課題が見られる場合」「外国籍家庭[注1)]など、特別な配慮を必要とする家庭の場合」「保護者に育児不安等が見られる場合」「不適切な養育等または虐待が疑われる場合」には、個別の支援を行うよう努めることが示されています。保育所保育指針解説には、「自らの役割や専門性の範囲に加え、関係機関及び関係者の役割

注１）子どもや親が、外国籍や外国にルーツをもつ家庭のこと。地域社会の文化的背景や価値観が異なり、英語以外の言語をもつためにコミュニケーションが難しいなど、保護者のための子育ての情報やサービスが届かずに、暮らしにくさを感じている場合がある。

をよく理解し、保育所のみで抱え込むことなく、連携や協働を常に意識して、様々な社会資源を活用しながら支援を行うことが求められる」と示されています。

個別の面談などによって、保護者と子どもの抱える問題が明らかになり、園だけでは対応が難しい場合は、ほかの専門家に相談をする、専門機関につないでいく必要があります。保護者に必要な情報を提供したり、それを得る方法や場所を伝えたり、専門機関を紹介したりする必要があります。

地域において、幼稚園や保育所が連携する機関としては、例えば、市役所や児童相談所、福祉事務所、保健センター等の公的機関、病院や療育機関、児童家庭センター、学校等があります。どの機関と連携するかは、子どもや親子の状況によって異なるため、他機関やほかの専門職の役割や機能を理解しておく必要があります。

2. 障害のある子ども、配慮の必要な子どもに関する連携

> 保育所保育指針
>
> 第４章　子育て支援
>
> 2　保育所を利用している保護者に対する子育て支援
>
> ⑵　保護者の状況に配慮した個別の支援
>
> イ　子どもに障害や発達上の課題が見られる場合には、市町村や関係機関と連携及び協力を図りつつ、保護者に対する個別の支援を行うよう努めること。

保護者から相談を受けたときは、担任の保育者だけではなく、主任や園長など複数の保育者で対応していきます。保護者の困っている状況を聞き取り、発達相談機関[注2)]を紹介し、そこから専門の病院や療育機関を紹介されて定期的に通うことになる場合もあります。

子どもの障害に対する保護者の受け止め方は、多様です。保育のなかでは、保育者は保護者よりも先に子どもの障害や発達上の課題に気づくことが多くなります。しかし、この気づきを保護者と共有するのは、簡単なことではありません。

まずは保護者自身が子どもの状況をどのように理解しているかを把握すること

注２）発達障害に関する相談を受け付けてくれる機関は、市町村保健センター、児童相談所、発達障害支援センター、療育通園施設などである。自治体によって機関の名称が異なる場合もある。

が大切です。子どもの保育における姿を伝えたり、保育参加や保育参観を通じて保護者が実際の子どもの姿を見る機会を設けることが大切です。保護者が自身の子どもの障害を認めていくことが難しい場合も、障害がすでに明らかになっている場合にも、保護者はさまざまな場面で、自身の子どもと他児との違いを感じ、複雑な思いを抱きがちです。保育者には、こうした保護者の複雑な心情を受け止め、支えていく姿勢が求められます。

保育者には、職種それぞれの専門性を理解し、お互いを尊重しながら連絡をとり、一人ひとりの子どもの健やかな成長のために各機関ができることを協議することが連携する姿勢として求められます。

3. 小学校との連携

幼稚園教育要領では、「小学校との接続に当たっての留意事項」（保育所保育指針では「小学校との連携」）に小学校との連携について、次のように示しています。

> 幼稚園教育要領
>
> 第１章　総則
>
> 第３　教育課程の役割と編成等
>
> ５　小学校教育との接続に当たっての留意事項
>
> ⑵　幼稚園教育において育まれた資質・能力を踏まえ、小学校教育が円滑に行われるよう、小学校の教師との意見交換や合同の研究の機会などを設け、「幼児期の終わりまでに育ってほしい姿」を共有するなどの連携を図り、幼稚園教育と小学校教育との円滑な接続を図るよう努めるものとする。

幼稚園教育要領、保育所保育指針、幼保連携型認定こども園教育・保育要領に示される「育みたい資質・能力」および「幼児期の終わりまでに育ってほしい姿」を、保育者と小学校の教師との間で共有し、合同の研修会や研究会、公開保育や公開授業といった機会を設けることの重要性が示されています。

文部科学省では、幼保小の架け橋プログラムが動いています。2022（令和４）年度から３か年程度を念頭に、モデル地域における実践を並行して集中的に推進していくものです。義務教育開始前後の５歳児から小学校１年生の２年間を架け橋期と呼び、幼児期から児童期の発達を見通しつつ、５歳児のカリキュラムと小学校１年生のカリキュラムを一体的にとらえ、地域の幼児教育と小学校教育の関係者が連携して、カリキュラム・教育方法の充実・改善にあたることを推進する取り組みです。こうした取り組みを踏まえて、幼保小の共通理解の促進と、幼保小接続の内容面の質の向上が目指されています。

4. 事例と学習のまとめ（課題）

事例4

小学校入学への就学支援

ある区の教育委員会では、次のような就学相談のお知らせを各園に掲示してもらっている。

就学相談のご案内　～お子さんのよりよい就学のために～

1．対象

・翌年４月に小・中学校に就学するお子さんと保護者

・特別支援学校や特別支援学級への就学をお考えの方（必ずご相談ください）

2．相談の受付期間

11月末まで（中学校への就学の場合は、９月末まで）

・転入や転出の関係で必要な場合は、これ以降でも受け付けます。

3．相談日・時間

相談日

月～金曜日（祝祭日、年末年始は除く）

相談時間

午前９時から午後５時の間で１時間程度、相談を行います。

4．相談場所

子ども・若者支援センター（住所：○○○）

5．申込み・お問合せ先

○○区教育委員会事務局学校教育課特別支援教育係

電話：△△－□□□□（就学相談直通）

住所：◇◇◇◇◇

小学校入学に向けては、子どもだけではなく、保護者も少なからず不安を抱えている。障害のある子どもの保護者の場合には、就学先をどこにするのかについての悩みが加わる。障害のある子どもの主な就学先は、小学校の通常学級、小学校の通常学級に在籍して通級指導教室に通う、小学校の特別支援学級、特別支援学校の４つがあげられる。

市町村の教育委員会が「就学相談」を実施し、就学先についての判断結果を保護者が受け取る。子どもの就学先は、保護者にとって大変重要な問題である。この判断については、園は介入することはできないが、保護者の気持ちを受け止めながら、より良い方向に向かっていけるよう相談に応じていかなければならない。就学相談のほかにも、保護者が相談できる窓口として、学校説明会、就学前健康診断、小学校への相談等が用意され、子どもと保護者への支援体制が整えられてきている。

【学習のまとめ】

- 自分の住む地域にどのような専門機関があるのかを調べ、幼稚園や保育所とどのような連携が可能になるのかを考えてみましょう。
- 担任保育者として障害をもつ子どもを受けもつ場合に、保育者同士の連携としてどのようなことが必要になるのかを話し合ってみましょう。

引用文献

1）一般財団法人保育教諭養成課程研究会「令和２年度 幼児教育の教育課題に対応した指導方法等充実調査研究（幼稚園における指導の在り方等に関する調査研究）」2021.

参考文献

・石川昭義・小原敏郎編著『保育者のためのキャリア形成論』建帛社、2015.
・野津直樹・宮川萬寿美編著『保育者論――主体性のある保育者を目指して』萌文書林、2020.
・野本茂夫監、柴田俊・若月芳浩編『障害児保育入門――どの子にもうれしい保育をめざして』ミネルヴァ書房、2005.
・文部科学省「幼保小の架け橋プログラムの実施に向けての手引き（初版）」https://www.mext.go.jp/content/20220405-mxt_youji-000021702_3.pdf
・矢藤誠慈郎『保育の質を高めるチームづくり――園と保育者の成長を支える』わかば社、2017.

第 14 章

ICT を活用した保育

本章の ねらい

本章では、ICT の利便性、可能性や危険性について歴史的な変遷や事例等を通して知り、理解を深めます。また、適切な活用方法を知り、保育業務のなかでの活用方法をイメージし、試行錯誤しながら学び、それにより業務負担の軽減や保護者等とのコミュニケーションのさらなる効率化をねらいます。何より、未来を生きる子ども達に適切に環境・教材として遊び等に採り入れていくことで、彼らの生活、行動、遊び、コミュニケーションに大きな幅をもたせる、これからを豊かに生きるための学びにつながります。

学習の ポイント

- ICT の発達について知り、その利便性を確認することで理解を深め、保育における活用方法と、その必要性を学びましょう。
- ICT を活用して行える遊びをグループで作り実演し、他グループの遊びに触れ、幅広い考えを知るなど、実際の活用方法を知り、利点や学びについて考えましょう。
- 情報を正しく適切に扱えるよう、ICT やインターネットに関するリテラシーを学び、保育者の業務上の負担軽減に ICT を活用する視点をもちましょう。

学習の準備

先進諸国の取り組みに比べ、わが国では導入が遅れていると言われるICTですが、現在では保育用アプリが開発され、多く利用されていたりと、徐々に浸透してきています。本章では、現代社会での生活に欠かせないICTについて改めて知るとともに、ICTを保育にいかに活かしていけるのか、とりわけ保育内容「人間関係」においてはどのように活かしていけるのか、事例をあげながらその可能性に迫ります。また、業務全般でどのようなことができるようになり、どのような変化が生まれるのかといったことについて、事例を参考にしながら、想像力を発揮して考えていきましょう。
本章における「ICTを活用した保育」は、「ICT教育」と重なる部分もありますが、それぞれを分けて考えていきます。

第1節　ICT活用の基本

1. ICTとは何か

皆さんはテレビやスマートフォンなどのビデオゲームで、「誰かと一緒に同時に通信すること」で、1つのゲームを行ったことや、ビデオ通話をしたことがありますか。また、チャット（メッセージのやりとり）をしたことや、撮影した写真を誰かにスマートフォンやパソコンで「やりとり」したことがあるのではないでしょうか。または、インターネット上の掲示板などで他人と話し合ったことや、SNSサービスを利用し、友人などとコミュニケーションをとったり、友達の位置情報をアプリによって確認したことなどがあるのではないでしょうか。

ほかにもありますが、上記のこれらはすべてICT（Information and Communication Technology）であり、「情報通信技術」のことです。ICTはビジネスで活用されているだけでなく、私たちの生活をより便利にしています。

上記のほぼすべてのことに関して、皆さんが現在20歳前後であれば、おそらく昭和後期に生まれた筆者の世代よりも多くの人が経験し、そして使いこなしているのではないかと思います。この数十年でいかに世界が技術的に進歩したか感じてもらうために、ここで少し昔話をしようと思います。

2. IT/ICTの少なかった時代

筆者の幼少期の1980年代には、インターネットやスマートフォンは存在せず、主な連絡手段は家の固定電話と公衆電話、手紙などでした。各家庭に配布される分厚い電話帳で地域のお店や個人宅の電話番号を調べて電話をかけていました。また、異なる地域に住む友人の電話番号は手帳にメモしたり、記憶していました。忘れたら電話をすることはできません。eメールもありません。

写真は、カメラで撮影したフィルムを写真屋さんに依頼して現像することが一般的でした。

また、映像を撮影するには、ベータマックス（Betamax）またはVHS（Video Home System）と呼ばれる形式のカセットテープに記録するという方法で行われていました。録画をするためのビデオカメラも片手では持てないサイズで、とても重いものでした。撮影された映像も、繰り返し再生するとテープの物理的な損傷により劣化します。音楽も同様で、名刺よりも少し大きなサイズのカセットテープを使用していました。テープののちにCD、CD-R、MD、DVD、DVD-R、BD、BD-R、HDD、SSDやSDメモリーカードなどのフラッシュメモリなどが、音楽、映像の記録に主に使用されるようになります。

車にカーナビは付いておらず、地図を買って調べながら出かけました。そのため、道を知っていることや覚えていることは、必要なことでした。

お店のレジはすでにありましたが、現在スーパーマーケット等に導入されている機械を使用した無人レジなどはもちろん存在しませんでした。

駅の改札には駅員がいます。その駅員は私たちの定期券をチェックしたり、切符を「改札鋏」と呼ばれる鋏で切り、跡が残るようにしていました。その跡が改札を通過した証拠なのです。徐々に自動改札機とともに磁気式の切符や定期券が普及し、改札の無人化が進みました。

インターネットはないので、人から聞いた話と書物、またテレビやラジオの情報が、入手できる情報のほぼすべてです。情報が欲しければ、電話や手紙から、または現場に赴いて手に入れるしかありませんでした。現代社会から考えると、とても不便で効率が悪く、知らないことも多く、また多くのことをあきらめていたように思います。

そんな世界で私が高校生のとき、パソコンの各家庭での普及率は低い状態でしたが、インターネットが少しずつ利用できるようになってきました。しかし、情報はとても少なく、まだまだ世界の情報を知るには不十分でした。SNSも映像配信サービスも、世界の不特定多数の誰かが映像を投稿するYouTubeのようなサイトもありません。音楽もダウンロードできません。通信速度も遅く、電話回線で通信接続されていました。また、相互的な情報交換ができる仕組みはインターネット上の掲示板など、非常に限られている状態でした。

いかがでしょうか。このような世界から、1990年代に登場・一般化したインターネットは驚くべきスピードで規模やサービスが拡充され、現在に至っています。

3. ICTによって可能となったこと

2023（令和５）年現在で20歳前後の方は、ジェネレーションZ（Z世代）とも呼ばれます。いわゆる「デジタル・ネイティヴ」と呼ばれる存在で、生まれたときからインターネットのある環境で育った人々です。そのため、インターネットに関連する技術を使用することが自然と身につきやすいと考えられます。

すでに述べたとおり、ICTは私たちの生活に浸透しており、欠かせないものとなっています。また、上記以外にも学校の授業のなかでプロジェクターやOHP、書画カメラといった機器によって、映像や写真を共有するといったことも日常的に行われており、今や当たり前の技術の１つであると思います。また、データの共有についても記録媒体の小型化から始まり、ついにはクラウドによってインターネット上での共有ができるようになり、持ち運ぶ必要のない状態となりました。このことにより、保育風景や子どもの様子を録画し研究を行うことも、録画した映像を共有して保育者間でカンファレンスを行うこともより容易となりました。

ICTを使いこなすことは、利便性の向上、つまり時間の節約や短縮につながり、持ち運ぶ必要のある情報の物理的サイズを削減し、ほかにも情報共有やコミュニケーションを容易にするだけでなく、遊びの幅や内容にも影響します。

しかし、さまざまな技術の使用法を理解していなければ、子どもに教材として使い方を伝えたり、保育のなかで子どもに適切な機器を提案することも難しくなるでしょう。これらの技術を、これから未来の社会を生きていく子どもの学び、子どもの生命の保護、また利便性の向上や表現力の向上などの目的で保育に活用していくためには、保育者となる皆さんがICTに対する、またICTの適切な使い方に関する知識をもち、便利に安全に活用していく必要があります。

4. なぜICTが必要とされているのか

現在、一般家庭におけるパソコンとインターネットの普及率は約80%注1）となっており、ICTは私たちにとても身近なものです。保育の現場でもICTの必要性が示唆されてから久しいですが、パソコンのない幼稚園や保育所は少ないと思われます。では、なぜ社会において、また保育現場においてICTが必要とされているのでしょうか。それは、皆さんの多くがなぜスマートフォンを持っているのかを考えればわかりやすいかもしれません。皆さんの生活に欠かせない理由は何でしょうか。皆さんの考えを周囲の人と話し合いながらリストアップし、記入してから次の項目に進みましょう。

いかがでしたか。前項でも1980年代との比較で理解してもらえたかもしれませんが、理由の１つに「利便性」や「QOL向上」があると思われます。知ってのとおり、スマートフォンを持っていると、その場でできることが非常に多くなり、前項の冒頭で述べたことはすべてできてしまいます。それは主に、インターネットを利用して情報のやりとりができる内容です。つまり内容の多くがICTですが、これを幼稚園教諭や保育士の仕事内容に置き換えて、さまざまな状況でどのように効率化、合理化などができるか考え、グループで意見交換をしてみましょう。

現　状　⇨　ICTによってどう変わるか

・
・
・

注１）社会実情データ図録（2022）より。

5. 幼稚園教育要領におけるICTの位置づけ

2018（平成30）年に施行された幼稚園教育要領において、「第１章　総則」の「第４　指導計画の作成と幼児理解に基づいた評価」「３　指導計画の作成上の留意事項⑹」に新たな文言が追加されました。それは以下のとおりとなっています。

> ⑹　幼児期は直接的な体験が重要であることを踏まえ、視聴覚教材やコンピュータなど情報機器を活用する際には、幼稚園生活では得難い体験を補完するなど、幼児の体験との関連を考慮すること。

上記の記述について、幼稚園教育要領解説では、以下のように述べられています。

> 幼稚園教育要領解説
> 　　　第１章　総説
> 第４節　指導計画の作成と幼児理解に基づいた評価
> ３　指導計画の作成上の留意事項
> ⑹　情報機器の活用
> 　幼児期の教育においては、生活を通して幼児が周囲に存在するあらゆる環境からの刺激を受け止め、自分から興味をもって環境に関わることによって様々な活動を展開し、充実感や満足感を味わうという直接的な体験が重要である。
> 　そのため、視聴覚教材や、テレビ、コンピュータなどの情報機器を有効に活用するには、その特性や使用方法等を考慮した上で、幼児の直接的な体験を生かすための工夫をしながら活用していくようにすることが大切である。
> 　例えば、園庭で見付けた虫をカメラで接写して肉眼では見えない体のつくりや動きを捉えたりすることで、直接的な体験だけでは得られない新たな気付きを得たり、自分たちで工夫してつくった音などを聴いて遊びを振り返ることで、体験で得られたものを整理したり、共有したりすることができるであろう。また、体を使った活動や演奏の前などに、それらを映像で視聴することで、イメージをもちながら見通しをもって取り組んだりすることもできる。
> 　幼児が一見、興味をもっている様子だからといって安易に情報機器を使用することなく、幼児の直接的な体験との関連を教師は常に念頭に置くことが重要である。その際、教師は幼児の更なる意欲的な活動の展開につながるか、幼児の発達に即しているかどうか、幼児にとって豊かな生活体験として位置付けられるかといった点などを考慮し、情報機器を使用する目的や必要性を自覚しながら、活用していくことが必要である。

以上の内容を、幼稚園教育要領解説に記載された例とともに考えると、幼児の活動に即したものであるとともに、視聴覚教材やコンピュータなどを使用することによって、その活動をより豊かにすることが求められているように考えられます。しかし、子どものICTに関する技能を育みたいと考えている日本国内の園長・所長の割合は、OECDの統計によると世界の平均である約32%の半分以下の11.9%で、保育者に至っては世界の平均の約30%の約５分の１程度である5.4%にとどまります注2)。

教材の仕組みや使用方法を学ぶことが主な目的ではなく、あくまでも主な目的の達成のための手段の１つであり、幼児の直接的な体験を補助するためのものであることに留意するとしても、保育者が使用方法を理解していないものを子どもに伝えることも、保育に活用することも難しいでしょう。それでは、保育業務全般でどのようなことができるのか、第２節で学んでいきましょう。

第２節 ICTを活用した保育の実際

本節では、保育現場で実際に行われているICTの活用方法として複数の事例をあげ、それらを考察するとともに演習課題に取り組み、体験を通した学びを得ていきましょう。

1. 保育現場（子どものかかわる場面）でのICT活用例

以下の事例は、各保育施設におけるICT活用の例です。これらの内容が保育内容領域「人間関係」にどのように関係しているか、事例ごとに考えてみましょう。

事例１

インタラクティブ・ボード（電子黒板）と書画カメラを用いた遊び「福笑い」（はごろも幼稚園での事例）

グループごとに順番で福笑いをしているが、その結果はインタラクティブ・ボードを通じてクラス全体へと瞬時に共有される。

注２）TALIS Starting Strong 2018データベースより筆者が解釈した。

考察：このことにより、クラス全体で同じものを同時に見て感想を伝え合うことができる。大画面を通してクラス全体の子どもが画面を共有できるようになることで、小さな福笑いを順番に見にきたりせずとも、自席から確認できる。そのため、時間の短縮になるとともに、反応に時間差がなくなる。また、子どもが集中した過密状態も防ぐことができる。

写真14-1 福笑いをグループで作成する

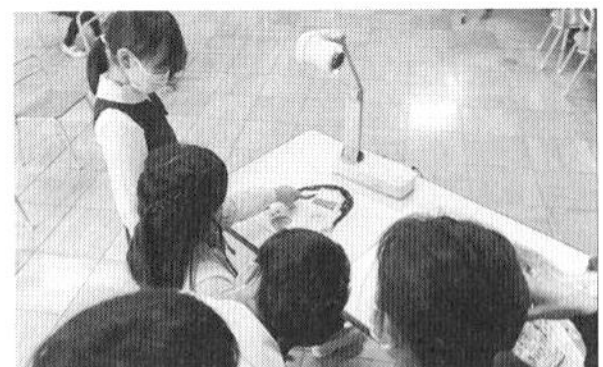

写真14-2 つくった福笑いをクラスで共有する

事例2

インタラクティブ・ボード（電子黒板）で工場見学（はごろも幼稚園での事例）

コロナ禍にて外出に対する不安を払拭しきれない状態で、子どもの健康を守りつつ、本来計画していた体験もすることができる。

写真14-3 画面をとおしての工場見学

考察：実際に現地におもむくよりも音やにおい、空気などといった情報量は劣ると思われるが、工場職員（管理栄養士）の説明を子ども全員が安定した音量で聞くことができ、リアルタイムで体験しているため、質問などの相互コミュニケーションが可能である。また、見学では入ることのできない場所もカメラを通して見せていただくことができるなど、メリットもある。

事例3

OHPを使用した「おばけの映画」の映画館ごっこ（やはた幼稚園での事例）

白く薄い布に、OHPを使用していろいろなマテリアルを映しだす。友達と一緒に、「今度はこれを置いてみようよ」などと話し合いながら試行錯誤を重ね、いろいろなお話をつくりだす。布の反対側で見ていた子どもが、「影絵みたいだね」「映画館みたいだね」と気づき、保育者と一緒にいすを並べて席をつくり、表現する子どもと視聴する子どもに分かれて映画館ごっこ遊びができあがった。

写真14-4 おばけ映画のはじまり

考察：この遊びは役割を入れ替えたり、友達同士で話し合いながら鑑賞したりストーリーを決めて演じていったりと、多くのポイントで人間関係にかかわる内容となっている。また、演じるメンバー次第でさまざまな内容になることが想定されるため、繰り返し遊ぶことのできるものであると考えられる。

さらに、保育内容以外の取り組みとして作業の効率化をねらいとした、以下の事例4があげられます。

事例4

ドキュメンテーション作成の効率化と共有の簡易化（しらゆり愛児園での事例）

以前は、写真データをPCに取り込み、印刷したものを紙に貼り付け、そこに活動の説明を書き加えていた。この作業を効率化することで、すべてをPC上で行えるようになった。また、タブレット端末等を使用することにより、撮影した写真とともに文字を直接書き込むこともできる。さらに、データの保存や共有も紙媒体に比べて容易となり、利便性が増した。

写真14-5 日々貼り出されるドキュメンテーション

考察：作成したドキュメンテーションをそのまま保存することができる。つまり、できあがったドキュメンテーションをコピーしてファイル、またはスキャンして保存する必要はなく、データとしてそのまま保存できるようになるため、紙資源の削減や成果物の劣化を防ぐとともに、余計に印刷する必要や手間が省ける。また、書類の管理が容易になるとともにPC上は文字の書き直し等も容易となり、作業が効率化され、業務上の負担が軽減する。そのため、負担が軽くなった分、保育者間の連携や子どもとのかかわり、保護者とのかかわりに時間を使うことができる。

作成したドキュメンテーションについては、HP上で保護者に限定的に公開したり、プリントアウトして保育室に貼ることで送迎に来た保護者に見てもらうことで保育の様子が伝わりやすい。また、子どもと一緒に見ることで、その日の保育の振り返りが言葉だけでなく写真を通して行える。これは大人に対しても言えることではあるが、言葉を多く理解しきれていない子どもにとって、特に効果的な提示方法に思える。

ICTを活用した保育の実践例を見ていただきました。ICTを保育場面に取り入れることには限界もあるかもしれませんが、工夫することによって、コロナ禍での密の回避をしながら情報を共有したり、直接体験では得られない体験が可能になったり、ごっこ遊びが発展したりと子どもたちの人間関係を育むことも可能になってくることが理解できたと思います。

私たちは、よくわからないものを取り入れていくことに臆病になりがちですが、つまりよく知り、理解を深めればよいのです。これからの保育においては、さまざまなものを保育環境として積極的に取り入れて、子どもたちへの質の高い保育に向けての取り組みとしていかねばならない時期に来ているといえるのではないでしょうか。その意味で、これから保育者を志す皆さんに大いに期待したいと思います。

次の項目では、実際に皆さんに取り組んでいただきたいと思います。

2. ICTを使用した保育をやってみよう

前項であげた例のように、ICTを活用して保育や遊びの方法や幅を増やすことができます。また、ICT機器にはさまざまなものがあります。工夫次第で活用方法は増やすことができるでしょう。本項では、実際に演習として取り組める内容の演習課題（下記❶〜❺）のなかから可能なものをグループで工夫しながら行い、やってみて感じたこと、発見したこと、さらなる工夫やアイデアなどを話し合いましょう。なお、演習課題は状況に応じて柔軟に考えてください。

【演習課題】

❶ 遊びの導入になるような動画（または写真）を撮影し、演じてみよう。
❷ インターネット上の情報を合法的に利用し、クラスの活動に活かしてみよう。
❸ あるテーマに沿ってインターネット上から写真や映像を見つけ、パワーポイントで子どもにわかりやすく説明をしてみよう。
❹ OHP（または書画カメラ）を利用して、自分たちのつくった素材を映し出し、映画館遊びをしてみよう。
❺ スマートフォンを使用し、必要であればスピーカーと無線（または有線）でつなぎ、遊びに利用してみよう。

・自分たちが行った内容

・振り返り（感想、発見、反省点、改善のためのアイデアなど）

第3節 ICTを活用するためのリテラシーと課題

前節までに、ICTについて、その利便性や作業の効率化、視覚情報の提示による情報伝達力の向上や共通理解に対する有用性についてお伝えしました。

本節では、ICTを保育で使用するうえで求められる知識やモラル、課題について、ICTの特性を踏まえて考えていきたいと思います。

1. ICTに対するリテラシーについて

1)「リテラシー」の意味合い

リテラシーとは、Literacyと書き、本来は読み書きの能力という意味をもつ言葉ですが、日本語ではおおよそ、特定の物事に対する「知識」「理解力」「応用力」「活用力」などを合わせて指す意味合いとして使用されます。そのため、ICT機器を使用する能力だけでなく、調べた情報の信頼性を判断しながら取捨選択をする力、また手に入れた情報を合法的に使用する判断力が含まれるでしょう。さらに、個人情報などの守るべき情報の取り扱いや守り方といった、情報セキュリティ、情報モラルも含みます（したがって、インフォームドコンセントが重要となります)。そのため、ICTに関するリテラシーを保育者がもつことで、保育にICT技術を活かすことができるだけでなく、子どもや保護者、また職場の情報、そして最終的には自分自身を守ることにつながります。つまり、ICTを使用するうえで必要不可欠なものです。

2) ケーススタディで理解を深める

ICTリテラシーを身につけていくために、以下の①から⑤の内容について、グループでセキュリティやモラルといった面で検討し、具体的な理由のある良し悪しの判断をしていきましょう。

①クラスだよりや園だよりをPCで作成し、HP上で一般公開した。

②実習でお世話になった幼稚園や保育所の先生や子どもと一緒に撮った写真を自分のSNSアカウントにてメンバーを限定して公開した。

③教育目的で、新聞記事の一部をインターネットからダウンロードし、複製して配布した。

④仕事が終わらないので、家で仕事をするために個人情報の記録されたUSBメモリを持ち帰った。

⑤PCで各家庭の家庭状況を表示した状態で保護者と面談した。

いかがでしょうか。①から⑤について、問題はあったでしょうか。

3）検討事項および留意点

それでは、各項目について検討事項を考えていきたいと思います。まず、①②④⑤については、情報漏洩の危険性があります。そのなかでも①②は必ず掲載前に保護者の許可が必要であり、特に②に関して、昨今の状況では禁止されているケースが多くなります。①は個人名や個人を特定できる記述、また写真が掲載されていない場合、個人情報は保護されていると考えてよいでしょう。もし写真等を含むものを掲載するのであれば、事前に（入園や入所時がよいと思います）保護者に了承を得、内容を書面化しておきます。そして、パスワード等で保護された状態で限定的に公開するなどといった工夫をすることで個人情報は守られるでしょう。なお、①②については、無断で行うと守秘義務違反となり、また、個人情報の漏洩となります。インターネットは情報を世界に向けて発信しているものであり、世界中からアクセスできるため、慎重な対応が求められます。

SNSについても同様で、仮にアカウントにロックがかけられ、限定的に公開されたものであったとしても、そのデータを見ることのできる人物が悪意の有無にかかわらず写真や映像のデータをスクリーンショットやコピーなどして保存し、所有できてしまうものです。仮に、そのデータがインターネットに流出した場合、多くの人の目に触れ、取り返しのつかないことになります。もし当該乳幼児や保護者、保育者にとって不利益につながるものであった場合、それはデジタルタトゥーとなってしまいます。そして、現時点では未来の不利益が判断できないことも多くあります。これはあなた個人のSNSアカウントで、あなた自身の情報や写真などの個人を特定できるデータのみを公表する場合にも同じことがいえます。なにげない一言のつぶやきや1枚の写真、1つの動画の投稿があなたの人生を不利にする可能性があるのです。そのため、SNSの使用は慎重に行い、使用するとしても書き込み内容を精査し、写真や映像データは他人を扱わないようにしましょう。

4）セキュリティの観点から

④⑤については情報漏洩と個人情報の流出につながるおそれがあります。そうなると、個人情報の保護に関する法律（個人情報保護法）や守秘義務違反となってしまいます。⑤に関しては、個人情報を人目につかない場所で扱うようにしましょう。また、④については、データを記録した媒体が盗難にあったり紛失する可能性があります。これはデジタルデータに限ったことではありませんが、実際

にクラスの子どもの個人情報が記載されているシール帳を車の中に置いたまま車を離れたときに、車上荒らしによって盗まれたケースがあります。また、ニュースでも自治体職員が住民のデータの入ったUSBメモリを紛失したことがよく報じられました。これらを予防するために、個人情報を持ち歩かず、職場内で鍵のかかる場所にしまうなどの管理を徹底しましょう。また、PCにはパスワードを設定し、個人情報は職場内のLANや職場のクラウドで共有するなど、部外者がアクセスできない環境でのセキュリティ管理が求められます。そして、もし自宅でも仕事をする必要がある場合は、自宅のPCから職場のクラウドにアクセスするといった方法が安全です。

5）著作物の正しい扱い方

最後に③について、これは特に問題がありません。著作権法第35条第1項によって定められているとおり、営利を目的としない教育機関では、すでに公表されているものであり、用途として著作権者の利益を不当に害さない場合、その出典を明示して使用することは著作権者の了解が不要です（例えば、1つの新聞記事など）。そのため、出版物を1冊分コピーして配布するなどといった行為は著作権法違反となるため、注意が必要です。

2. ICTの活用に際した課題

今日の保育者の業務は多忙であり、OECDによると参加国の平均で50％以上、日本では約48.1％の保育者が資金・物質的および人的資源（リソース）不足を感じています。また、参加国の平均で40％、日本で46.8％の保育者が事務的な業務が多すぎると感じ、日本の保育者のストレスの要因の1位・2位としてあげられている[注3)]ため、課題として考えられます。これらの課題を解決するには、おそらく第一に資金が必要ですが、事務的な仕事を削減していくには仕組みとICTの使い方について考える必要があると思われます。また、どの職員でもできることであれば業務の分担をすることで負担を分散させ、担任保育者がその仕事をしなければならないのであれば、いかに効率化できるかがポイントとなってくると思います。

ICTを効果的かつ安全に利用することで、業務の効率化を図りつつ、従来より効果的に、また効率よく子どもや保護者、保育者間での情報共有を行うことがで

注3）注2）と同じ。

きるようになります。では、そうなっていくために必要なことは何でしょうか。以下の内容について、グループで話し合い、グループごとに内容を発表するなど、情報の共有および検討をしていきましょう。

【演習課題】

❶ 保育者のICT技術の習得（何を学ぶべきか）について考えましょう。
❷ 業務のなかでICT化すべきもの・すべきでないものを検討しましょう。
❸ 情報共有に有効な取り組みを効率よく行うにはどうするとよいでしょうか。
❹ どうすれば人的資源が整うでしょうか。

ICTはとても利便性が高く、活用することでさまざまな工夫によって業務の効率化ができるだけでなく、遊びの幅が広がり、コミュニケーションも容易になります。本項の内容のほかにも保育業務では、送迎バスの管理、登園および降園の管理、検温など幅広く活用されています。しかし、活用するためにはリテラシーが求められ、セキュリティ意識をもち、情報を保護する視点が必要となります。昨今、教員のICT活用指導力が求められており[注4]、渡邉の調査によると、短期大学で自分用のPCを所持している学生は2019（令和元）年には15.6%、さらにパソコンの操作を得意だと思っている学生は20.8%とされています[注5]。リテラシーを身につけ、安全に活用し、作業を効率化、また新たな遊びを子どもとつくっていったり、保護者の方に便利でわかりやすい情報共有をしていくとともに、子どもや保護者と向き合う時間をしっかりと確保し、質の高い保育をつくっていきたいと考えます。

【学習のまとめ】

- ICTについて、その歴史やできること、どのように活用していくのか、またリテラシーや課題について学んできました。今までに学んだ内容の習熟度を確認します。以下の質問に答え、必要な場合は理由を説明できるようにしましょう。

1. インターネットの技術によって可能となったことを3つあげてください。
2. ICTを使用して子どもとどのような遊びができるか、3つ答えてください。

注4）中央教育審議会「中教審第184号」（答申）2015より。
注5）渡邉裕「短期大学の幼稚園教諭・保育士養成課程におけるICT活用指導力の検討」よりデータを抜粋

3．職場（保育施設）のHPに掲載されていないほうがよい項目を、以下のなかから理由をつけて答えてください。

・名前つきの子どもの写真　　・施設の部屋ごとの写真

・施設長の挨拶　　・保育者のプロフィール

4．情報漏洩を防ぐために必要な「対策」や「行動」を、合計で３つあげてください。

5．今日の保育者のストレスの大きな要因となっている事務的な業務を削減するために、ICTを使用してどのようなことが考えられますか。理由をつけて答えてください。

取材先：社会福祉法人乳児保護協会　白百合愛児園
学校法人今井学園　はごろも幼稚園
学校法人八幡学園　やはた幼稚園

参考文献

・国立教育政策研究所編『幼児教育・保育の国際比較――質の高い幼児教育・保育に向けて（OECD国際幼児教育・保育従事者調査2018報告書）』明石書店、2020.

・東京都HP「個人情報保護法の概要」

・中村佐里・波多野和彦「保育者養成における情報活用指導能力育成のためのカリキュラム開発」『日本教育工学研究報告集』2021巻４号、2021.

・文化庁著作権課「学校における教育活動と著作権 令和３年度改定版」

・文部科学省「幼稚園教育要領」

・文部科学省「幼稚園教育要領解説」

・文部科学省『文部科学白書 平成30年度』「第11章ICTの活用の推進」2019.

・文部科学省委託調査「令和３年度 幼児教育の教育課題に対応した指導方法等充実調査研究（幼稚園における指導の在り方等に関する調査研究）」2022.

・渡邉裕「短期大学の幼稚園教諭・保育士養成課程におけるICT活用指導力の検討―「情報機器演習Ⅰ」授業アンケート調査から―」『小池学園研究紀要』第18号、2020.

第15章

人間関係における今日的課題

本章のねらい

本章では、最も大切にしなければならない保育者の基本姿勢である、「子どもの人間関係力の育ちを支える」専門性に注目しています。実践を重ねる際、常に拠り所とする「幼児教育で育てたい資質・能力」の重要性に触れるとともに、社会全般で起こっている子どもの人間関係力にかかわる課題（少子化と子育て家庭の問題、共生社会で生きる子どもたちの問題等）を見据えながら、これからの保育者に求められる専門性のあり方を取り上げました。

学習のポイント

- 幼稚園、保育所、認定こども園等の集団保育のなかで、保育者は子どものどのような姿を目指して育てていくのかについて、「現代の幼児教育の課題」を整理しながら学んでいきましょう。
- 保育のさまざまな体験を通して、子どもたちの「人間関係力」が育っています。事例からその発達のプロセスにある価値をすくい取っていきましょう。
- 一人の子どもの興味や関心は、その主体的な遊びを進めるモチベーションです。集団の保育のなかで、さらに広がったり深まったりするために、保育者の援助・指導のあり方を考えてみましょう。

学習の準備

乳児期の子どもは、家庭等において身近な親などの親しい大人との関係を軸に成長発達を遂げていきますが、３歳以降の大半の子どもは、幼稚園等で集団の保育を受け、「大人への依存」から「自分で行動する自立」へと向かう重要な時期です。「自立」に向けての保育者の役割は多岐にわたります。乳児期の親しい大人の役割との共通性もあれば、幼児期における教育的営みを果たす固有の役割もあります。

（課題１）
乳児期の子どもに対し、親しい大人（保育者を含む）が大切にしなければならない「姿勢」と、幼児期の子どもの保育等で保育者が大切にしなければならない「姿勢や専門性」との共通性とは何か考えてみましょう。

（課題２）
2017（平成29）年以降、「幼稚園教育要領」[1]等の３法令[2]において、３歳以降の幼児教育がその後の学校教育全体の生活や学習の基盤を培う役割を担うことが強調されました。幼児教育において育みたい３つの資質・能力が明定され、その具体的な姿として「幼児期の終わりまでに育ってほしい姿」も示されました。
そのなかでも、特に「人間関係の領域」に関連する内容を取り上げ、「人間関係」領域の子どもの育ちの大切さを、確認していきましょう。

第１節　今日的「幼児教育の課題」で保育者としておさえておきたい基本的事項

1. 幼児教育から小学校教育への連続性を意識した「幼児教育の役割」

❶ 幼児教育は学校教育の始まり

日本では、大半の子どもが幼稚園、保育所、認定こども園等の集団保育のなかで３歳以上の幼児教育を受けています。日本の就学前教育（幼児教育）を受けている子どもの数は301万3000人（2022（令和４）年４月現在）といわれ、就園率の高さは世界的にもトップレベルです。

しかしながら、就学前教育（幼児教育）と小学校以上の学校教育との関係性については、その本来のつながりの意味について社会的に共有されずにきたといっても過言ではありません。

そのようななかで、2017（平成29）年の「幼稚園教育要領」では、公の性質を有する幼稚園等教育の役割を学校教育とのつながりのなかで次のように明定しました。

「幼児期の教育は、生涯にわたる人格形成の基礎を培う重要なもの」と明確に定義し、従来までの幼稚園教育要領の役割からは一歩踏み込んだものとなっています。

2016（平成28）年の中央教育審議会答申において、「よりよい学校教育を通じてよりよい社会を創る」という目標が掲げられ、幼児期の教育から高等教育を通じ社会全体がその目標を共有し、連携・協働しながら新しい時代に求められる資質・能力を育成していくことが示されました。

そこでは、「幼稚園教育は学校教育の始まり」とし、日本の学校教育全体のなかで、そのファーストステージとしての役割を強調しています。

各幼稚園に求められる教育のあり方として、「一人ひとりの幼児が、将来、自分のよさや可能性を認識するとともに、あらゆる他者を価値のある存在として尊重し、多様な人々と協働しながらさまざまな社会的変化を乗り越え、豊かな人生を切り拓き、持続可能な社会の創り手となることができるようにするための基礎を培うことが求められる」と、その基本を示しました。

幼稚園等の幼児教育が、家庭との緊密な連携のもと、小学校以降の教育や生涯にわたる学習とのつながりを見通して展開されなければならないことを期待しています。

❷ 学校教育につながる「幼児教育」で育てたい資質・能力

1）幼児教育の基本姿勢について

幼稚園等の就学前教育（幼児教育）のあり方として、1989（平成元）年[3)]よりその基本方針は実は大きく変わっていません。

幼児教育の３つの基本姿勢の１つ目は、幼児は安定した情緒のもとで自己を十分に発揮させることにより、発達に必要な体験を重ねることができるように、「幼児の主体的活動を促し、幼児期にふさわしい生活」が展開されるようにすること。

２つ目は、「幼児の自発的な活動としての遊び」は重要な学習であることを鑑み、遊びを通した指導を総合的に展開すること。

３つ目には、「幼児一人一人の特性に応じ、発達の課題に則した指導を行う」ことです。

これら「幼児教育の基本」は、小学校以上の教育と異なる「幼児教育の独自性」といわれ、保育現場では子どもの主体的な遊び（＝学び）を重視する姿勢が定着していきました。

その一方、小学校以降の学習の実態との間に顕在化した段差が、「小１プロブレム」などを例として社会問題に発展する事態にもなりました。

このように幼児教育と小学校教育の独自性が定義される一方で、子どもの発達や学びの連続性を視野に入れた「異校種間の連携」が、教育上重要であることも強調されました。

そこで見えてきたのは、幼稚園等で展開されている「遊びを中心とした主体的な活動」は「学習」といえるのかという学校現場からの戸惑いでした。

教科中心の一斉授業が基本である小学校以降の「学習」スタイルとの違いに、教師以上に戸惑っているのは、むしろ「遊び」に馴化（じゅんか）した子どもたちであるという指摘もあとを絶ちませんでした。

いわゆる「小１プロブレム」問題に端を発し、就学前の幼児教育と小学校教育の連続性が不透明であるという現場の批判が社会問題を生み出していました。

保育者のなかにも、「幼児期の活動は遊びが大事である」と実感しているものの、遊びが「小学校以降の学習とつながっている」ことを、保護者や地域の人たち、小学校の先生方に積極的に説明できる人ばかりではありませんでした。

幼稚園や保育所等で、「遊びを通して、どのような資質や能力が育っているのか」を説明するには、子どもの発達を評価する方法の違いが障壁となっています。

学校教育で育つ資質・能力のなかには、数値化してその能力を評価する方法もとられますが、幼児期の教育では、発達は数値化されるものではなく、「育っている姿（心情・意欲・態度)」として評価されるという相違点です。

それが、現在の「幼稚園教育要領」等の改訂の際に「幼児期の終わりまでに育ってほしい姿」として誰もがわかりやすくイメージしやすい発達の姿として明定されました。

保育者と、家庭、地域、そして学校等、子どもの育ちにかかわるすべての大人たちの共有できる「幼児教育で育つ発達の姿」が示されたことは、保育者の子どもの発達を評価する方法にも見直しを余儀なくされました。

保育者は、子どもたちの育っている姿を日々の保育のなかで、具体的エピソードとしてすくいとりながら保育の振り返りを行い、「学びと発達の姿」を可視化し客観的に評価することが大切になっています。

2）「幼児期の終わりまでに育ってほしい姿」と領域「人間関係」

「幼児期の終わりまでに育ってほしい姿」の内容を確認していくと、領域「人間関係」の側面がとても重視されていることがわかります。10の姿のなかで、主に領域「人間関係」にかかわる内容を整理してみましょう。

図15-1 幼児期の終わりまでに育ってほしい姿

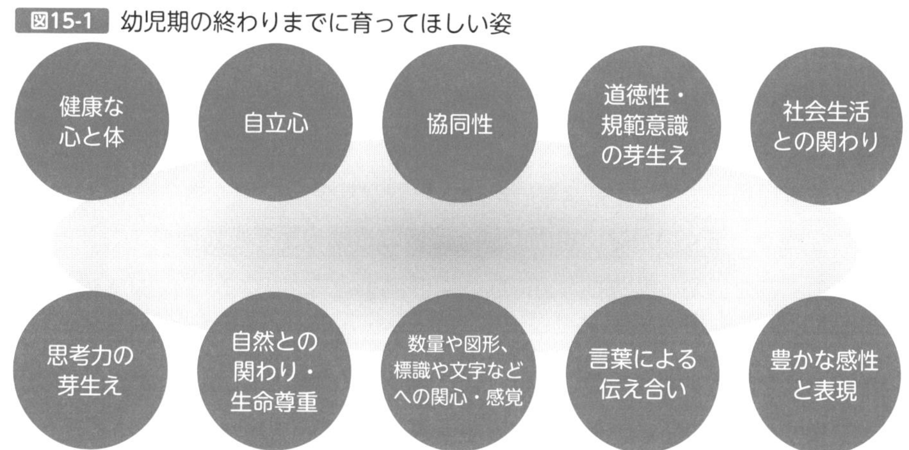

①「自立心」が育っている姿とは

幼稚園等の集団生活のなかで、保育者や友達とのかかわりを通し、「人との関係性」を育みながら発達していきます。乳児期には親しい大人や保育者たちの温かい受容的・応答的な環境のなかで、それに依存しながら遊んでいます。安定した人間関係のなかで「自分の安全基地」に寄り添いながら自信をつけていく段階です。

幼児期になると、行動力・体力・対話力・表現力が育ち、かかわる環境や人が多様になってきます。子どもは自ら主体的に新規な環境にかかわりながら自己肯定感を育てていきますが、今までのようにうまくいかないことや失敗にも遭遇します。

しかし、保育者の適切な援助によって、困難な場面においても自分がしなければならないことを自覚し、自分の力で行うために考えたり、工夫すること、そしてあきらめずにやり遂げることで、達成感を味わい、結果として自信をもって行動するようになります。これこそ自立心が育っている具体的な姿です。

幼児期に育まれた「自立心」は、小学校生活において、自分でできることは自分でしようと積極的に取り組む姿、あるいは、生活や学習での課題を自分のこととして受け止め意欲的に取り組む姿、さらには、自分なりに考えて意見を言ったり、わからないことは教師に問い、粘り強く取り組む姿へとつながっていきます。

② 協同性が育っている姿とは

幼児期の後半になると、子どもたちは仲間とのかかわりをますます深めて遊びを楽しんでいきます。「お店屋さんごっこ」に興じる子どもたちは、どんなお店屋さんで、何をつくってごっこ遊びをしたいかについて、互いの意見や思いを伝え合い活動を展開するなかで、楽しさや共通の目的が実現することに喜びを感じていきます。このプロセスにある育ちが「協同性」の具体的な姿です。

「協同性」が生まれるためには、友達と一緒に活動するなかで、それぞれの持ち味が発揮され、互いのよさを認め合う関係性をつくることが大切です。

保育者が仲立ちとなって、互いのよさに気づかせることも必要でしょう。共同作業のなかでうまくいかない場面では、適時に援助の手を差し伸べ、「協同」することのよさを伝える援助も大切になってきます。

幼児期に育まれた「協同性」は、小学校の学級集団のなかで、目的に向かって自分の考えを発揮する姿につながり、またクラスの仲間と協力し、さまざまな意見を交換するなかで新しい考えを生み出す喜びを実感したり、学び合う喜びを実感できる姿につながっていきます。

③ 「道徳性・規範意識の芽生え」が育っている姿とは

幼児同士の集団の遊びのなかで、自分の感情や意志を表現するようになります。ときには自己主張によるぶつかり合いなどの葛藤場面にも遭遇するでしょう。

葛藤場面では、「自分がして良いこと、悪いこと」「友達には友達なりの思いがあること」がわかり、徐々に考えながら行動するように成長し、道徳性の芽生えが育っていきます。また５歳児では、「いざこざ」を乗り越える経験からルールなどをつくって、みんなで仲良く遊ぶことのできる方法を探る姿もみられるようになってきます。友達との人間関係に深まりを見せると、友達の気持ちに触れ相手に共感したり、相手の視点から自分のことを振り返ったり、遊びをより楽しめるような規範意識の芽生えが育ってきます。

こうした経験によって、小学校生活においても、幼児期の経験を土台にし、初めて出会う人に対し、相手の気持ちを考えたり自分の振る舞いを振り返ったりして、気持ちや行動を調整し学校生活を楽しもうとする姿につながっていきます。

このように家庭や就学前教育、学校教育にかかわるすべての身近な大人たちが、子どもの発達や学びの連続性を認識し、その成長を育む当事者として自覚し、各時期の育つ姿に対する相互理解を深め連携することが、ますます重要な社会的課題となっているといえます。

2. 幼児期の人間関係を通し「文化の多様性」にふれる意味

❶ 共生社会を生きる子どもたちに必要な「人間関係力」を培う体験

1）多様な人々との直接的交流の機会の大切さ

近年、社会のなかでさまざまな多様化が進んでいます。障害の有無や年齢、性別、文化的・言語的な背景、家庭環境などにかかわらず、誰一人取り残すことなく、誰もが活き活きとした人生を享受することのできる共生社会の実現に向かっています。

幼児教育の現場では、異年齢の子どもとの交流、地域で働く人々で子どもたちと関係の深い人との触れ合い、高齢者とともに過ごす等の機会をもつことは、人とかかわる力を育てるうえでかけがえのない大切な視点です。

特に幼児にとって、自分が今まで接したことのない人々との直接的な交流を図ることで、立場が変わり相手の役に立つことを経験する機会にもなります。

お年寄りと一緒に歌ったりして、相手に喜ばれ感謝される経験のなかで、子どもなりに自分が誰かの役に立ったことや有用な存在であることを実感できるでしょう。

すると、もっと人の役に立つことをしたいと思うように成長していけるでしょう。また、自分より年下の子どもとの交流では、自分のできることを考え、年長者として果たすべき行為が実感できるようになり、新たな自信が生まれるでしょう。

年上の子どもとの交流では、年長児の姿が憧れのモデルになり、身近な目標として刺激を受けながら、素直に自分のなかに取り入れ、新たな挑戦に一歩踏み出す意欲が育つでしょう。

保育者は、このような異年齢や地域の人々との直接的な交流の機会の効果を鑑み、年間を通して計画的に実施することが期待されています。

2）外国籍の子どもとの出会いから異文化理解が生まれる

近年、日本の保育現場において、外国籍の子どもたちが増加しています。

地域によりその実態は異なるものの、大都市周辺では１クラスに複数の外国籍の子どもが在籍する園も増えてきました。

すでに欧米などでは、多文化共生のクラスは一般的です。以下では、就学前教育で世界的な注目を浴びているニュージーランドの幼児教育を取り上げ、多文化共生と向き合う幼児教育の姿勢を紹介します。

ニュージーランドの幼児教育は、多様な保育形態（保育サービス）が提供されている国として、世界中の幼児教育が注目しているところです。

特に注目されるのは、幼児教育を受ける子どもたちの出自であり、先住民族のマオリの人たちをはじめ、南太平洋諸国からの移民など世界さまざまな諸国からの移民が増加している国といわれ、就学前教育の施設等では多様な言語が飛び交う現状にあると言っても過言ではありません。

多様な文化的背景をもつ子どもたちを保育するにあたり、ニュージーランドでは、ナショナルカリキュラム「テ・ファリキ」（敷物を意味する教育の理念）を作成し、文化の違う多様な子どもたちが、誰一人取り残されず、人として成長しうる理念を構築しました。

「テ・ファリキ」には、すべての子どもが身につけるべき重要な内容として４つの原則「エンパワメント、全体的発達、家族とコミュニティ、関係性」、５つの要素「心身の健康、所属感、貢献、コミュニケーション、探求」というキーワードが示されています。すべての子どもにとって、自分の生まれた国、自分の育った家族、住んでいる地域のどれもが大切で尊重されなければならないことを明定しています。

例えば、保育室に日本の子どもが所属していれば、誕生会では日本の文化を尊重した行事を取り上げたりして、ほかの子どもたちにも日本文化のよさを理解できるように配慮しています。子どもたちは、自分と異なる文化をもつ友達との出会いを通して、互いの文化の違いを肌で感じながらもよさを学び、異文化を尊重する姿勢を身につけていきます。

近年、日本でも学校現場や就学前の教育においても異文化理解の機会として、「国際理解教育」が進められています。厚生労働省が発表している「外国籍の子どもへの保育に関する調査研究」[4)] では、取り組みのポイントが事例紹介されていますので、ぜひ参考にしてください。

3. 子どもを取り巻く人的環境の現在

❶ 少子化の加速と子どもの育つ環境の変化

1）少子化の現状

2022（令和４）年に生まれた子どもの数（外国人を含む出生数）は、統計が始まった1899（明治32）年以降、初めて80万人を割り込んだことが厚生労働省の公表した人口動態統計（速報）で明らかになりました。[5)]

今から40年ほど前の1982（昭和57）年の出生数は151万5000人ですので、わずか40年間でほぼ半減したことになります。少子化の急激な加速要因ですが、内閣府では「未婚化や晩婚化の進展」および「夫婦の出生力の低下」をあげています。

そのなかでも「出生力の低下」は、育児や子育てに希望や夢がもてないと感じている生産世代の意識が常態化しているからといわれています。

特に、「育児や教育コストの負担」「仕事と子育ての負担感」「夫の育児参加への不満」「妻の精神的身体的負担」「老後の子ども依存の低下」「出産育児費用の増大に対する負担感」等を募らせる傾向は悪化する一方といわれるなかで、2023（令和５）年６月に内閣府から「こども未来戦略方針」が発表されました。この方針では、少子化対策を「次元の異なるもの」として位置づけ、国をあげて集中的に取り組むとしました。社会全体、地域全体で、子ども・子育てを応援する姿勢が伝わるように願うばかりです。

2）子ども家庭の変化

① 世帯形態の変化

家族の世帯形態として、今や「核家族化」は一般的ですが、1953（昭和28）年と2019（令和元）年の世帯数および平均世帯人員を比較してみますと、世帯数は右肩上がりで増加するものの、平均世帯人員は右肩下がりで、１世帯あたり５人が平均でしたが、現在は2.37人へと減少しています。

児童のいる世帯の割合は、1953（昭和28）年当時は46.2％でしたが、現在は21.7％と半減し、平均児童数は1.68人と、子育て家庭の世帯数と平均児童数が大きく減少していることがわかります。

同時に家族形態の多様化が進み、「夫婦と子ども」世帯と「３世代世帯」が減少していますが「単独世帯」と「一人親と子どものいる世帯」が増加しています。[6)]

② コロナ禍で加速した子育て問題

2020（令和２）年の２月に世界中に急速に広がった新型コロナウイルス感染症（COVID-19）は、人々の生活スタイルを一変させるほどの世界的パンデミックとなりました。

当然、子育て家庭への影響は大きく、出産や子育てに希望をもてない閉塞感がますます広まっていったといわれます。外出自粛や行動制限が課せられるなかで、親が精神的かつ経済的にも不安定な状態に追い込まれ、そのストレスが児童虐待や育児放棄につながっているといわれます。

同時に、小・中・高等学校および特別支援学校における「いじめ」の認知件数が前年度比19.0％と増加しており、家庭における子どものストレスによって、子どもたちの対人関係能力にも深刻な影を落としているといわれています。[7)]

③ 共働き家庭で育つ子どもの課題

少子化が加速する要因の１つとして、女性の社会進出が一般化していることがあげられます。ワーク・ライフ・バランスの考え方が普及し、政府による「働き方改革」が進められるなか、仕事と子育ての両立志向が高まっています。

出産後、仕事を継続するためには、当然子どもの保育を必要とするわけですが、保育所数が追いつかず「待機児童問題」が大きな社会問題になったことは、記憶に新しいところです。

また、親の多様な勤務形態を支えるために、保育所等では、延長保育、一時預かり保育、病児保育等の特別保育事業が開設され、保護者と連携を図りながら子どもを健やかに育てるための「子育て支援対策」を拡充しています。

❷「こども家庭庁」と幼児教育

1）こども家庭庁の創設

子どもを取り巻く人的・社会的環境が変化し、子ども・子育てにまつわる困難な問題が拡大するなかで、政府は内閣府に「こども家庭庁」を2023（令和５）年４月に創設しました。[8)]

今後さまざまな子ども・子育て支援等の政策を実施するにあたり、「子どもの視点を中心に、子どもを取り巻くあらゆる環境を視野に入れ、子どもの権利を保障し、子どもを誰一人取り残さず健やかな成長を社会全体で後押しをする『こどもまんなか社会』の理念」を進めることを提言しています。

その司令塔としての「こども家庭庁」では、①子どもの視点、子育て当事者の視点を政策等に反映していくこと、②地方自治体との連携を進め、③NPOをはじめとする市民社会と積極的に対話を図り、連携・協働していく基本姿勢を示しています。

2）幼児教育こそ「こどもまんなか社会」実現の要

幼稚園等で行ってきた多様な子ども・子育て支援は、こども家庭庁設置以前から家庭や地域と連携を図りながら実施してきました。

今後も「こどもまんなか社会」を目指すなかで、子どもの最善の利益を考慮し、就学前のすべての子どもの育ちを保障する保育の実践が求められます。

現場では保育者が率先し、家庭の保護者や地域の人々のかかわり方の多様性を含みながら、「子ども一人ひとりの人権を大切にするかかわりとは」等の具体的な姿を示すロールモデルとなり、地域の子ども・子育てを牽引していく必要があるでしょう。

子どもとの信頼関係の構築や、子どもの主体性を尊重し子どもの声を傾聴するなどの方法論的知的財産は、「こどもまんなか社会」の実現に大きく貢献することでしょう。

第2節 事例を通して学ぶ「人間関係力」の発達

本節では、子どもたちの主体的な遊びを通して育っている「人間関係力」の発達の様子について、事例から学んでいきましょう。エピソードは筆者が保育現場での観察をした際に得られた事例です。

1. 5歳児のお寿司屋さんごっこで育つ人間関係力

事例1

「役割」が生まれるって、大事！

夏休み明けの9月中旬。ユズル君が「せんせい、こっちに来て！　これ何だと思う？」と、保育者にテーブルの上にあるものを指さしました。そこには、回転寿司屋のメニューがありました。「僕たちでお寿司をつくるんだ。できたら来てね」という。エプロンを着けて、早速お寿司屋さんモードになる子どもたち。保育室に並ぶ廃材や教材を選び、お寿司づくりが始まりました。

「誰もが好きなタマゴ巻きね」といって、ティッシュをクルクルと巻いてシャリをつくり、黄色いセロファンで卵を再現。「仕上げは、のりです！」とあっという間に、10個ほどのタマゴ巻き寿司ができあがりました。

すると、マサキ君がメニューをじっくり眺めているではありませんか。ユズル君が赤いセロファンを出して次のお寿司をつくろうとするや否や、「ちょっと待って、まずタマゴ巻きをもう少しつくりたい。あと5個できたらマグロにしようよ」とマサキ君が強い調子で提案しました。保育者は二人の間にいざこざが起きるのではないかと内心ハラハラしていましたが、ユズル君は、「はーい、店長！　わかりました」とすんなりと指示に同意。1、2、3、4、……タマゴの数を数えて15個になると、「店長！　マグロもつくってよいですか！」。

そして店長のマサキ君は、保育者に「お客さん、何が食べたいの？　イカも美味しいよ」とオーダーを伺ってきました。遊びとはいえ、何だかホントの回転寿司屋さんにいる気持ちになりました。

【演習課題①】

❶ ユズル君とマサキ君のやりとりから、人間関係力の育っている具体的な姿を書き出してみましょう（幼児期の終わりまでに育ってほしい姿より）。

❷ そばにいた保育者のかかわり方について、工夫点等を考えてみましょう。

2. 3歳児の「読みたい絵本は同じ」のいざこざで育つ人間関係力

事例2

お互いの「気持ち」をわかり合うって、大事！

入園して2か月。3歳児のジュンキ君とケンタ君は絵本を一人で読むのが楽しくなっています。ジュンキ君は「ぐりとぐら」の絵本を選んで読んでいると、ケンタ君がやってきて、「その絵本をぼくも読みたい」と横から奪っていきました。ジュンキ君は気持ちが収まらない様子で、「返してほしい」と先生の力を借りに行きました。

先生はジュンキ君の訴えを受け止め、ケンタ君に次のように声をかけました。「ケンタ君もこの本を読みたかったの？　読みたいときは勝手に取らないで、『貸して』って言わないとね」と伝えると、「ぼくだってこの本を昨日も読みたかったんだよ」とケンタ君が自己主張をします。そばでやりとりを聞いていたジュンキ君は、「じゃあ、一緒に読む？」と提案しました。

ジュンキ君のアイデアで、その場は一瞬にして和やかなムードになり、二人で隣の部屋の長いすに腰かけ「ぐりとぐら」の絵本を仲良く一緒に読むことができました。保育者の仲立ちがお互いの気持ちをわかり合うよい機会となったようです。

【演習課題②】

❶ ジュンキ君とケンタ君、そして保育者のやりとりから、人間関係力の育っている具体的な姿を取り上げてみましょう。

❷ そばにいた保育者のかかわり方について、工夫点等を考えてみましょう。

3. 4歳児の集団生活上に必要な「決まり」の大切さに気づく力

事例3

遊びにも「決まり」を守るって、大事！

４歳児クラスでは、自分で好きな遊びを見つけて、仲のよい仲間と一緒に遊ぶことを楽しんでいます。

この日は、「駐車場」で「かくれんぼ」を楽しんでいるエリカちゃん、ヒロシ君の姿がありました。確かに「駐車場」は誰にも見つからない場所ですが、遊んではいけない場所です。保育者は二人の様子を見つけて、すぐに叱り始めました。

「駐車場は遊んでよい場所か？」「どうしていけないのか？」と二人に考えさせます。二人の笑顔は、神妙な顔つきに変わりました。

二人にとって、園の遊びや生活のなかにはさまざまな決まりのあることに気づくとともに、ルールを守らないと、どのような危険に遭遇するのかを実感する機会となったようです。

【演習課題③】

❶ エリカちゃんとヒロシ君、そして保育者のやりとりから、人間関係力の育っている具体的な姿を取り上げてみましょう。

❷ そばにいた保育者のかかわり方について、工夫点等を考えてみましょう。

第３節　保育者を想定した援助・指導のあり方

1. ５歳児の「ダンゴムシの水中迷路」遊びと保育者の援助・指導

事例４

生き物への素朴な「関心」って、大事！

５歳児の虫好きチーム３人組が、園庭でダンゴムシを捕まえて「水中迷路」遊びをしていました。年長さんは、ダンゴムシを単に捕まえて遊ぶのではなく、生態に関する関心へと深まっているようです。泥水のなかをダンゴムシがどのくらい活発に動くのか試しています。

保育者は、生き物をこんなふうに遊びの道具にしてよいだろうかと疑問を抱きながら「ダンゴムシは、泥の迷路で動けるのかな？」と尋ねました。

「動いているよ、ほらね」「生命力があるんだよ」「10秒で死ぬかもしれないけど」「泳いでいる、すごい」と３人は発見することに目を輝かせているようです。

３人の共通する「生き物への興味や関心」が高まっていることを、保育者としては高く評価をしたいのですが、死にかけているダンゴムシの様子を目の当たりにすると、ここで小さな生き物と命の大切さを考える場面につなげるか、それとも生き物の生態をとことん調べさせるのか、保育者は子どもたちにかける言葉（援助・指導）をあれこれ考えてしまいました。

【演習課題④】

❶ もし皆さんがこの子どもたちのそばにいるとしたら、どのような言葉を投げかけますか。援助や指導内容を検討してみましょう。

【学習のまとめ】

乳幼児期の子どもたちは、身辺の自立はもとより、「大人への依存」段階から、「自分で行動する自立段階」へと発達を遂げるため多様な経験を糧に成長していきます。

近年、子ども（０歳から18歳）の成長過程のなかでも「対人関係力の低下」がひときわ問題視されていることがこの章からも理解できたことでしょう。

大人のもつ「対人関係力」の基礎は、乳児期に形成される身近な人との信頼関係から培われているといっても過言ではありません。保護者や身近な人に温かく見守られている安心感を得て、人に対する信頼感を抱くことが可能となります。

この安定した信頼感に支えられ、その後の自分の生活を乗り越える機会を重ねて、結果として自己肯定感や自尊感情を得る満足感につながっていきます。

したがって、園などでの集団生活においては、最初は保育者や身近な友達との信頼関係を築くことが必要です。安定した人間関係を基盤として、新規な環境との出会いにも果敢に挑戦することができますし、困難な状況を乗り越える意欲をもつ姿勢にもつながっていきます。

このように幼児期は、園での集団生活のなかでたくさんの保育者や仲間とふれあい、自分の感情や意思を表現しながら、ときには自己主張をぶつけ合って、悩んだり葛藤する経験を踏んでいくことが大切です。

自分とは異なる意見に出会うほどに、互いの違いに気づいたり、他人のよさを知ったり、折り合いをつける体験を重ねることができ、むしろ集団で一緒に活動する楽しさを実感できるようになります。

共感、思いやりの心を育み、良いことや悪いことに気づくことで、人は自分で考え行動し、決まりの大切さ、ルールを守ろうとするなど、「生活するうえで必要な習慣や態度」を身につけるようになります。「人とかかわる力」を育むことは、「生きる力」を育む最も基礎的な力といえるのではないでしょうか。

本章では、幼児期の大半を過ごす幼稚園、保育所、認定こども園などの幼児教育の役割として、少子化社会の今後の「子ども・子育て社会」を支える中核的存在であることを指摘してきました。

特に現場の保育者は、子どもの権利を保障し、子どもを誰一人取り残さず健やかな成長を育むという「こどもまんなか社会」の実現に向けて、社会全体に向け、専門的で適切な姿勢を示していくリーダーであり、家庭と地域社会、学校等と円滑な連携を図るためのネットワーカーとしての役割が期待されます。

このように保育者を目指す皆さんの将来は、子どもの未来を支える最も要（かなめ）となる存在として地域社会で期待されています。子どもたちとともに生きる喜びを実感できる日を心待ちにし、生涯学び続ける保育者を目指してください。

参考文献

・厚生労働省「保育所保育指針」2017.
・厚生労働省政策統括官（統計・情報政策担当）『令和３年 国民生活基礎調査（令和元年）の結果からグラフでみる世帯の状況』2021.
・厚生労働省「人口動態統計速報」2022（令和４）年12月分の公表値.
・内閣官房「こども政策の推進（こども家庭庁の設置等）」2022.
・内閣府・文部科学省・厚生労働省「幼保連携型認定こども園教育・保育要領」2017.
・三菱UFJリサーチ＆コンサルティング『令和２年度外国籍等の子どもへの保育に関する取り組みポイント集』2021.
・文部科学省「幼稚園教育要領」1989.
・文部科学省「幼稚園教育要領」2017.
・文部科学省『令和３年度児童生徒の問題行動・不登校等生徒指導上の諸課題に関する調査結果の概要』2022.

編著者・執筆者一覧

■ 編著者

近喰　晴子（東京教育専門学校副校長・前秋草学園短期大学学長）

小泉　裕子（鎌倉女子大学短期大学部教授）

■ 執筆者（執筆順）

本田　　幸（横浜女子短期大学准教授）……第1章、第9章

室井眞紀子（東京都市大学人間科学部准教授）……第2章

友澤　加代（国際学院埼玉短期大学非常勤講師）……第3章

中村　誠文（鹿児島純心大学人間教育学部准教授）……第4章

金　　瑛珠（鶴見大学短期大学部准教授）……第5章

丸林さちや（東京教育専門学校専任講師）……第6章

田中　卓也（育英大学教育学部教授）……第7章

天野美和子（東海大学児童教育学部講師）……第8章

片川　智子（鶴見大学短期大学部准教授）……第10章

近喰　晴子（前掲）……第11章

布施　由起（埼玉純真短期大学教授）……第12章

土屋　　由（十文字学園女子大学教育人文学部講師）……第13章

浅見　優哉（帝京平成大学人文社会学部講師）……第14章

小泉　裕子（前掲）……第15章

保育内容「人間関係」と指導法
考える・調べる・学び合う

2023年9月30日　発行

編著者　近喰晴子、小泉裕子
発行者　荘村明彦
発行所　中央法規出版株式会社
〒110-0016　東京都台東区台東3-29-1　中央法規ビル
TEL 03-6387-3196
https://www.chuohoki.co.jp/
印刷・製本　長野印刷商工株式会社
装幀・本文デザイン　株式会社ジャパンマテリアル
本文イラスト　タナカユリ

定価はカバーに表示してあります。
ISBN978-4-8058-8944-2

本書の内容に関するご質問については、下記URLから「お問い合わせフォーム」にご入力いただきますようお願いいたします。
https://www.chuohoki.co.jp/contact/